Gereon Reimann

Kinder brauchen Anerkennung

HERDER spektrum

Band 5488

Das Buch

Aus Angst, Kinder zu sehr zu verwöhnen, sind viele Eltern mit Lob und Belohnung ihrer Kinder zurückhaltend geworden. Diese Befürchtung ist unbegründet, sagt Gereon Reimann, ein erfahrener Erziehungswissenschaftler. Nur das falsch eingesetzte Lob und unangemessene Belohnungen können Schaden anrichten. Ansonsten brauchen Kinder Lob, Anerkennung und Bestätigung – wie die Luft zum Atmen. Positive Reaktionen sind wirksamer als Strafe. Allerdings dürfen Lob und Belohnung nicht missbräuchlich eingesetzt werden, sollten nicht das eigene schlechte Gewissen – etwa nach einer ungerechten Reaktion – beruhigen oder als „Bestechung" eingesetzt werden, um das Kind – auch bei einer berechtigten Forderung – willig zu stimmen. Lob und Belohnung dürfen nicht zu einem Instrument der Aufsicht und Kontrolle verkommen. Unechtes oder „vergiftetes" Lob hat keine positive Wirkung. Doch ansonsten gilt: Regelmäßiges und konsequentes Loben schafft eine stabile Grundlage für die Eltern-Kind-Beziehung, gibt dem Kind eine sichere Orientierung und führt zu einer dauerhaften Lernverbindung zu bestimmten, positiven Verhaltensweisen. Loben – echt und richtig loben – kann man nie zuviel! Und Loben kann man wieder lernen.

Der Autor

Gereon Reimann, Jahrgang 1941, Studium der Sozialarbeit, Sozialpädagogik und Sozialwissenschaften. Nach langjähriger Tätigkeit als Sozialarbeiter und Lehrer im sozialpädagogischen Schulwesen, Studiendirektor an einer Fachschule für Sozialpädagogik in Mülheim an der Ruhr. Verheiratet, vier (erwachsene) Kinder. Bei Herder Spektrum: „*Wenn Kinder machen, was sie wollen*" (Band 5383).

Gereon Reimann

Kinder brauchen Anerkennung

Loben und belohnen – aber richtig

HERDER

FREIBURG · BASEL · WIEN

Originalausgabe

Gedruckt auf umweltfreundlichem,
chlorfrei gebleichtem Papier

www.herder.de
Herstellung: fgb · freiburger graphische betriebe 2004
www.fgb.de
Umschlaggestaltung und Konzeption:
R·M·E München / Roland Eschlbeck, Liana Tuchel
ISBN 3-451-05488-4

Inhalt

Einleitung

Eine Mutter, die ihre Erziehungsaufgabe sehr ernst nimmt, sagte mir in einem Gespräch: „Ich habe mehrere Veröffentlichungen zu Erziehungsfragen gelesen und war immer aufgeschlossen für Ratschläge, die für mich logisch waren und von denen ich annahm, sie in meinem Erziehungsalltag verwerten zu können. Versuchte ich, sie umzusetzen, musste ich feststellen, dass ausgerechnet bei mir dann immer alles ganz anders war. Keinen dieser Ratschläge habe ich je richtig verwerten können." Dabei scheint alles so einfach, wenn man die derzeitige Literatur zu Erziehungsfragen betrachtet: Positiv sollen Eltern erziehen mit Lob, Belohnung und durch Ermutigung. Strafe sei auf „jeden Fall" zu vermeiden, sie zerstöre das positive Verhältnis zwischen Eltern und Kind. Allenfalls Grenzen müssten Kindern gesetzt werden. Dazu sei es wichtig, mit den Folgen, die das Verhalten des Kindes habe, zu arbeiten. Viele anschauliche Beispiele sollen belegen, dass das möglich ist.

Aber, wie sagte die Mutter: „Ausgerechnet bei mir war dann immer alles ganz anders."

Das Buch will keine Rezepte vermitteln. Es will helfen, etwas klarer zu sehen, wie Erziehungsmittel so eingesetzt werden können oder einzusetzen sind, dass die Wünsche nach einer positiven Erziehung zur Geltung kommen. Dazu bedarf es klärender oder erklärender Beispiele, damit Zusammenhänge deutlicher werden. Die in diesem Buch angeführten Beispiele haben primär diese Aufgabe. Sie sind nicht mit dem Anspruch geschrieben, sie eins zu eins in Ihrem Erziehungsalltag anzuwenden. Das kann nicht sein. Die Beispiele können aber helfen, sich an ähnlich erlebte Situationen zu erinnern, um diese zuordnen und in der komplizierten Erziehungspraxis den Sachverhalt wieder erkennen zu können.

Jede Erziehungssituation ist anders gestaltet. Daher gibt es wenig Chancen, individuelle Lösungssituationen, wie sie durch Fallbeispiele dargestellt werden, auf andere Situationen zu übertragen.

Das vorliegende Buch bietet insofern ein Hilfe an, als es danach fragt, welche **Regelmäßigkeiten** es im Umgang mit Anerkennung, Lob und Belohnung gibt, und wie Sie als Eltern diese Regelmäßigkeiten erkennen und in Ihrem speziellen Fall anwenden können, um mit ihrer Hilfe auch Ihre individuelle erzieherische Situation positiv zu gestalten. Eine solche Regelmäßigkeit ist zum Beispiel die Grundannahme, **dass Kinder und Eltern danach trachten, positive Erfahrungen zu machen und negative Erfahrungen zu vermeiden**. Daraus ergeben sich vielfältige Schlussfolgerungen, die im Einzelnen besprochen werden. Eine dieser Schlussfolgerungen ist die Tatsache, dass Erfahrungen mit **Lernprozessen** verbunden sind. Erziehung ist also ganz wesentlich ein Lernprozess, durch den das Kind und seine Eltern Erfahrungen machen, die weitere Lernprozesse beeinflussen.

Ganz entscheidenden Anteil haben nun Eltern daran, die Erziehung positiv zu gestalten, auch wenn man immer wieder Stimmen hört, die das Gegenteil behaupten. Lassen Sie sich durch solche Stimmen nicht beunruhigen. Sicher, je älter Ihr Kind wird, umso stärker wird der Einfluss anderer „Miterzieher" außerhalb der Familie. Kindergarten, Schule, Medien und Freunde spielen dann eine erhebliche Rolle. Aber Eltern sind diejenigen, die den Erziehungsprozess am längsten begleiten und von frühester Stunde an beeinflussen. Kinder kommen nicht fertig auf die Welt. Erst in jüngster Zeit beginnt die Hirnforschung uns darauf aufmerksam zu machen, wie Einflüsse aus der Umwelt des Kindes sogar die physiologische Struktur des Gehirns und damit zukünftige Lernprozesse beeinflussen. Diese Chance können Eltern nutzen. Je früher sie beginnen, den Erziehungsprozess positiv, das heißt durch Unterstützung der positiven Verhaltensweisen des Kindes zu gestalten, umso nachhaltiger wird ihr positiver Einfluss sein.

Ist es aber möglich, Kinder nur mit Hilfe von Anerkennung, Lob, Belohnung und durch Ermutigung zu erziehen? An dieser Stelle gibt es viele Auseinandersetzungen über das, was unter Anerkennung, Lob, Belohnung und Ermutigung sowie dem Gegenteil dazu, der Strafe, zu verstehen ist, und welchen Anteil diese Erziehungsmittel an der Erziehung haben sollen. Die meisten Pädagogen teilen die Erziehungsmittel in zwei große Gruppen ein, in positive und negative. Als positiv werden zumeist Lob – Belohnung – Ermutigung angesehen, als negativ solche zur Gruppe der Strafen gehörenden Maßnahmen. Positive Erziehungsmittel versprechen demnach eine positive Erziehung, negative schaffen, so ist zu vernehmen, mehr Probleme als Nutzen in der Erziehung. Dies ist eine sehr vergröbernde und auch unrichtige Einteilung. Weder kann Strafe als überholte, sinnlose und in jedem Fall schädliche Erziehungsmaßnahme verstanden werden, noch gilt das Gegenteil immer für Lob, Belohnung und Ermutigung. Ja, in vielen Fällen, wenn Kinder die Eltern in arge Erziehungsbedrängnis bringen, sind nicht elterliche Strafmaßnahmen die Ursache hierzu, sondern der falsche Umgang mit Anerkennung, Lob, Belohnung und Ermutigung. Nicht selten haben Kinder „alle Rechte, Eltern alle Pflichten“[1]. Die Literatur, durch die Eltern aufgefordert werden, Kindern „Grenzen zu setzen“, ist kaum noch zu übersehen.

---

[1] M. Schwelin in: „Die Zeit“ Nr. 51/2004, S. 36; Kult ums Kind in: Spiegel Nr. 33/2000, S. 102 ff.

Sie werden bei der Lektüre des Buches selbst bemerken, wie viele Fragen offen bleiben. Sicher haben Sie auch zu bemängeln, dass viele der Ihnen persönlich wichtigen Fragen gar nicht angesprochen werden.

Es ist die Absicht des Buches, Ihnen eine Grundorientierung und eine Übersicht in einem Fragenkomplex zu vermitteln, den wohl die meisten Menschen und vermutlich auch Erzieher als pädagogisch „unproblematisch“ einstufen würden[2]. Ich würde mir wünschen, die Diskussion über die bedeutsamen Problemkreise „Lob“ und „Strafe“ würde neu einsetzen.

Die vorliegende Veröffentlichung ist in erster Linie ein Buch, das Eltern und ErzieherInnen helfen soll, sich in ihrer Erziehungspraxis zurechtzufinden, um sich selbst helfen zu können. Es möchte zum Nachdenken und Handeln anregen. Sie als Eltern und Erzieher will es in die Lage versetzen, kontrolliert zu handeln und den pädagogischen Alltag weitgehend ohne „Versuch und Irrtum“ zu überstehen. Wenn es Ihnen nicht genug ist, schwierige Situationen schlecht und recht aus dem Gefühl heraus zu bewältigen, kann es Ihnen auch helfen, die oft quälende Frage „Warum habe ich so und so gehandelt“, zu Ihrer Zufriedenheit zu beantworten. „Instinktives“ Handeln reicht nun einmal in der Erziehung nicht aus.

Natürlich können Sie als Eltern und ErzieherInnen nicht fehlerfrei handeln. Dieser Anspruch steht auch nicht hinter den Texten. Jedoch können Sie beim nächsten Mal sicherer und zielstrebiger sein, wenn sie eine Erklärung dafür haben, warum es

[2] In Fachpublikationen finden sich zurzeit kaum Veröffentlichungen zum Thema Lob und Belohnung, noch weniger zum Thema Strafe und Bestrafung. Und doch bilden beide Fragenkomplexe zusammen ein Ganzes. Fragen zur Strafe und Bestrafung sind in diesem Buch nahezu vollständig ausgeklammert worden. Sie wurden in einer eigenen Veröffentlichung behandelt (Reimann 2003). Insofern bilden beide Veröffentlichungen eine sachliche Einheit.

diesmal (wieder) schief oder auch gut gegangen ist. Und das ist eine Menge wert, weil damit der Spielraum für Fehler geringer und der Spielraum für sinnvolles, „richtiges“ Handeln größer wird. Der Erfolg wird langsam, Mal um Mal größer, sichtbarer. Möglichkeiten und Grenzen Ihres Handlungsspielraumes können klarer eingesehen und abgesteckt werden. Damit allein tun Sie auch Ihrem Kind Gutes: Je sicherer und kompetenter Eltern in ihrer Handlungsweise sind, umso sicherer und fester kann sich auch die Beziehung zu Ihrem Kind entwickeln. Es muss doch jeder Fehler, den Eltern in der Erziehung begehen, nicht nur von den Eltern, sondern auch von den Kindern verarbeitet werden.

Kann man aber, so werden Sie fragen, mit Anerkennung, Lob und Belohnung so viel falsch machen?

Nähern wir uns dem Problem von der anderen Seite, von der Frage aus, wie Sie als Eltern sinnvoll mit Anerkennung, Lob und Belohnung umgehen, wie Sie die Erziehung Ihrer Kinder positiv gestalten können. Versuchen wir, auch den Schwierigkeiten eine positive Seite abzugewinnen. Es lohnt sich, darüber nachzudenken und darüber zu sprechen, wie Eltern und Kinder miteinander umgehen können und sollen, wo ihre Möglichkeiten, aber auch ihre Grenzen liegen.

1. Kapitel:
Ein Blick auf die Erziehungspraxis und einige grundsätzliche Erkenntnisse

Erziehen – oder wachsen lassen?

Wir wissen heute, dass ein Kind mit einer einzigartigen genetischen Ausstattung geboren wird, die ihm hilft, zu überleben, zu leben, zu wachsen und mit Hilfe seiner engsten Bezugspersonen all das zu lernen, was es braucht, um weiter zu wachsen und selbstständig zu werden[3]. Wir wissen aber auch, dass das Gehirn des Menschen bei der Geburt nur gerade so weit entwickelt ist, dass diese Funktionen biologisch sichergestellt werden. Alles Weitere ist auf der einen Seite gesteuert durch genetische Entwicklung, die aber nur den Ablauf der Weiterentwicklung betrifft. Die Qualität, das heißt auch, die Richtung der Entwicklung, hängt auf der anderen Seite von Umwelteinflüssen, von Erfahrung und Erziehung, also von Lernprozessen ab. „Das Gehirn eines Babys ist eine Lernmaschine" sagt Lise Eliot in ihrem lesenswerten Buch: „Was geht da drinnen vor? Die Gehirnentwicklung in den ersten fünf Lebensjahren" (S. 33). Damit das Gehirn sich entwickeln kann, muss es lernen. Und so wird der innere Entwicklungsfortschritt des Gehirns gegen Ende der Schwangerschaft und nach der Geburt in zunehmendem Maße durch Entwicklungsimpulse von

---

[3] Zu dieser genetischen Ausstattung gehören, neben den grundlegenden Funktionen, die das Wachstum fördern und das biologische Überleben sichern, auch Funktionen, die die soziale Kontaktaufnahme ermöglichen: Lachen, Weinen, „Spiegeln" (Nachahmen) von Verhaltensweisen, Imitation der Stimmen der primären Bezugspersonen u.v.a.m.

außen, das heißt, aus der neuen Umgebung des Säuglings durch die Aufnahme von Sinnesreizen abgelöst[4].

Gerald Hüther und Helmut Bonney weisen in ihrem Buch „Neues vom Zappelphilipp" eindringlich auf die Verschränkung und wechselseitige Beeinflussung von genetischer Veranlagung und Umwelteinflüssen hin, denen das Neugeborene während seiner sehr langen und äußerst komplizierten Entwicklung im Mutterleib ausgesetzt war, so dass bereits kurz nach der Geburt diese beiden Bereiche der Einflussnahme auf die Individualität des Neugeborenen nicht mehr auseinander gehalten und zugeordnet werden können (S. 28 ff). Persönliche Erfahrungen, Eindrücke und Gefühle wie Freude, Sicherheit, Geborgenheit, Verzweifelung, Angst und Verlassenheit, erfüllte oder enttäuschte Erwartungen spiegeln sich in den Strukturen des Gehirns. „Flüchtige" Eindrücke und Erfahrungen werden zu bleibenden, messbaren Veränderungen (=Verschaltungen von Nervenbahnen) im Gehirn. Neue Erlebnisse, freudige und beängstigende, werden mit diesen bereits strukturell verankerten früheren Erfahrungen im Gehirn „verglichen", Erwartungen und Verhaltensbereitschaften aktiviert und in neue Verhaltensweisen umgesetzt. Diese neuen Verhaltensweisen sind damit immer zugleich auch eine Antwort auf frühere Erfahrungen.

An dieser Stelle wird die Bedeutung erzieherischer Verhaltensweisen von Eltern und Bezugspersonen deutlich. Kinder, die die Erfahrung gemacht haben, dass ihnen ihre Eltern überwiegend mit positiven, für sie selbst angenehmen Gefühlen und Verhaltensweisen begegnen, entwickeln positive, angenehme Erwartungen an den Umgang ihrer Eltern mit ihnen. Die Erziehungsmittel, durch die sich solche positiven Erfahrungen und Erwartungen he-

---

[4] Leser, die diesen Fragen intensiver nachgehen möchten, seien die im Literaturverzeichnis angegebenen Schriften von Joachim Bauer, Christian Eggers, Lise Eliot, Gerald Hüther, Karl Gebauer und Manfred Spitzer, empfohlen.

rausbilden, sind Anerkennung, richtig angewendetes Lob, Belohnung und Ermutigung, also solche Verhaltensweisen, die wir als unterstützende Verhaltensweisen kennzeichnen. Es kann sich dadurch eine Erwartungsstruktur herausbilden, die von Vertrauen, Sicherheit, Einfühlungsvermögen, Wärme und Zuwendung gekennzeichnet ist. Diese Erwartungsstruktur stabilisiert sich in den Verschaltungen des Gehirns mit jeder weiteren positiven Erfahrung. Daher können Kinder, die in einer solchen warmen und positiven Atmosphäre aufwachsen, gelegentliche Störungen und Fehler ihrer Eltern in der Regel ohne Schäden verkraften. Derartige Störungen können enttäuschte Erwartungen oder Strafen sein, die ein Kind auch in jeder sicheren und positiven Familienatmosphäre erleben wird. Kinder können sogar aus solchen enttäuschten Erwartungen in ihrer Persönlichkeit gestärkt hervorgehen, denn eine einmal gebildete sichere Vertrauensbasis verkraftet viel und ist so leicht durch nichts zu erschüttern.[5]

Ganz anders sieht die Situation aus, wenn Kinder überwiegend gegenteilige, negative Erfahrungen im Umgang mit ihren Eltern und Bezugspersonen machen mussten. Zu diesen negativen Erfahrungen gehören emotionale Unsicherheit, Verzweiflung, Desinteresse, Gleichgültigkeit, Überforderung, körperliche Belastungen, Schmerzen. Oft werden solche Gefühle den Kindern durch ihre Eltern vermittelt, wenn diese überwiegend gegenwirkende Mittel im Umgang mit ihnen gebrauchen, wie Liebesentzug, Drohungen, Verbote, harte, unangemessene Strafen und Misshandlung. Je nach Intensität können diese Erfahrungen für das Kind zu einem Trauma werden, das ein Leben lang anhält und auch

---

5 Selbstverständlich kann es immer fürchterliche Einbrüche der Sicherheit geben, an denen Kinder und Erwachsene ohne fremde Hilfe zerbrechen können. An Scheidung der Eltern, Krankheiten, schreckliche Erlebnisse, wie sie jüngst durch Terroranschläge auch Kindern nicht erspart bleiben, ist hier zu denken.

den späteren Erwachsenen ohne fremde therapeutische Hilfe nicht mehr loslässt. Diese Maßnahmen wiederum sind selbst häufig nur aus der Erfahrung zu erklären, die Eltern in ihrer eigenen Kindheit und ihrer gesamten Biografie gemacht haben. So, wie sich mit jeder positiven Erfahrung durch unterstützende Verhaltensweisen die positive Erwartungsstruktur in den Nervenbahnen des Gehirns stabilisiert, stabilisieren sich auch entsprechend negative Erfahrungen und Erwartungen mit jeder neuen negativen Erfahrung.

Man weiß heute, dass das Gehirn ein Organ ist, welches sich auch bei einem erwachsenen Menschen noch verändert und weiterentwickelt. Daher unterliegen Eltern im Laufe des Erziehungsprozesses vor dem Hintergrund ihrer Lernbiografie ähnlichen Lernerfahrungen wie ihr Kind. Auch bei ihnen entwickelt sich eine Erwartungshaltung gegenüber dem Verhalten ihres Kindes.

So entstehen Wechselwirkungen. Gelingt es den Eltern, die Erziehung grundsätzlich positiv zu gestalten und beantwortet ihr Kind die Bemühungen der Eltern positiv, festigen sich bei Eltern wie beim Kind positive Erwartungen und Verhaltensweisen. Es entsteht ein positiver Kreislauf. Dieser Kreislauf erleichtert es beiden, sich gegenseitig zu unterstützen.

Im anderen Fall, wenn es Eltern nicht gelingt, Erziehung positiv zu gestalten, besteht die Gefahr, dass sich ein negativer Kreislauf schließt. Um diesen Kreislauf zu durchbrechen, bedarf es großer Anstrengungen, weil ein Lernprozess gegen die Erfahrungen der Vergangenheit und die daraus entstandenen Erwartungen angestoßen werden muss. Das ist regelmäßig der Fall, wenn Eltern überwiegend mit gegenwirkenden Maßnahmen auf das Verhalten des Kindes reagiert haben. Im Fall einer Misshandlung gar wird dem Kind die Basis des Vertrauens so absolut entzogen, dass seine Entwicklung und seine Lernerfahrungen dauerhaft zu seinem Nachteil verändert werden.

Aus allem lassen sich einige nützliche Schlussfolgerungen für die Erziehung gewinnen. Erziehung ist danach ein Lernprozess, in dessen Verlauf sich die Struktur des kindlichen Gehirns durch Veränderungen der Verschaltungen von Nervenbahnen nachhaltig verändert. Auch bei den Eltern finden analoge Veränderungsprozesse statt. Gelingt es den Eltern, den Erziehungsprozess primär positiv durch den Einsatz von unterstützenden Erziehungsmaßnahmen zu gestalten, bietet sich die Chance eines dauerhaften positiven Kreislaufes, der es Eltern ermöglicht, ihrem Kind Vertrauen, Sicherheit, Einfühlungsvermögen, Wärme und Zuwendung entgegenzubringen.

Schon früh ergibt sich dann ebenfalls für das Kind die Möglichkeit, dieselben Verhaltensweisen zu entwickeln und sie im Umgang mit seinen Eltern und anderen Bezugspersonen zu festigen.

Eltern sollten darauf achten, möglichst früh mit positiver Erziehung zu beginnen. Eine Veränderung von gefestigten Erziehungsgewohnheiten ist, wie aus den oben gemachten Ausführungen ersichtlich wird, ausgesprochen mühevoll und mit vielen Schwierigkeiten behaftet.

Einige grundlegende Probleme und Erkenntnisse

Sicher machen sich viele Eltern oft keine Gedanken darüber, dass alles, was sie im Umgang mit ihren Kindern tun, direkte Auswirkungen auf das Verhalten ihrer Kinder hat. Auch andere Menschen, selbst Eltern und Großeltern, sind sich im Umgang mit ihren Kindern der Wirkung ihres Verhaltens oft nicht bewusst.

*Die Kinder der **Familie Gerschwin,** Alwin (1 Jahr alt) und Carlotta (gerade 3 Jahre alt), wurden wegen der Berufstätigkeit ihrer Eltern ab und zu von einer Nachbarin betreut.*

An einem Abend war Carlotta nicht „so gut drauf". Sie quengelte, ließ sich nichts sagen, und die Nachbarin konnte ihr nichts recht machen. Die Kinder tranken Kakao und Carlotta wollte unbedingt mit den Fingern in den Kakao fassen, um dann den Kakao von den Fingern zu lecken, dabei schüttete sie ihn auch noch auf die Kleidung ihres Bruders. Obendrein ließ Alwin sie nicht ungestört trinken, da er immer den Becher von Carlotta haben wollte. Mehrfach stieß Carlotta Alwin weg, so dass dieser beinahe zu Boden gestürzt wäre. Keine Ermahnung half. Auch das Wegstellen der Tasse half insofern nicht, als das Geschrei nur noch lauter und unerträglicher wurde. Um Carlotta abzulenken, fragte die Nachbarin die Kinder, ob sie beide wohl ein Stück Schokolade oder ein Bonbon essen mögen. Gerne sagten die Kinder zu, und Carlotta ging es plötzlich besser. Als sie gar noch ein zweites Stückchen Schokolade erbat und es auch erhielt, hörte das Geschrei für eine gewisse Zeit auf. Zwar machte sich die Nachbarin Gedanken, dass das wohl nicht die richtige Erziehungsmethode sei, aber sie tröstete sich damit, dass für die Erziehung schließlich die Eltern zuständig seien und nicht sie. Sie sei um die Beaufsichtigung der Kinder und nicht um ihre Erziehung gebeten worden.

Obwohl die Nachbarin keine Absichten hatte, die Kinder zu erziehen, machten diese durch ihr Verhalten doch wichtige Lernerfahrungen: Sie lernten, dass sie bei Frau M. ein Stück Schokolade erhalten haben, nachdem sie sich unablässig stritten. Sie erlebten auch das deutlich entspannte Verhalten von Frau M., nachdem sie die Schokolade gegessen hatten und sich ruhiger verhielten. Zu ihrer weiteren Lernerfahrung gehörte außerdem die Erlaubnis zu einem zweiten Stück Schokolade auf ihre Bitte hin. Wenn auch bei einer einmaligen Situation daraus keine weitreichenden Schlüsse gezogen werden können, so kann doch gesagt werden, dass die Kinder eine äußerst positive Erfahrung unmittelbar nach ihrem

Streit machen konnten. Praktisch ist ihr Streit untereinander durch die Nachbarin mit Schokolade belohnt worden. Es kann davon ausgegangen werden, dass dadurch die Bereitschaft der Kinder zu ähnlichem Verhalten gewachsen ist, denn ein weiterer Versuch bei Frau „M." in einer vergleichbaren Situation wie auch bei anderen Erwachsenen könnte ebenso erfolgreich verlaufen[6].

Frau M. hat ebenfalls gelernt, dass die Kinder nach dem Genuss der Schokolade ruhiger wurden. Dadurch ist bei ihr die Bereitschaft ebenfalls gewachsen, ihr Verhalten in einer ähnlichen Situation zu wiederholen[7].

Obwohl also Frau M. die Kinder nicht erziehen wollte, trug sie durch ihr Verhalten dazu bei, den Kindern Erfahrungen zu vermitteln, die für ihre Erziehung bedeutsam sind. Daher können wir feststellen, **dass jede Art des Umgangs mit Kindern Einfluss auf ihre Erziehung hat.**

Es ist nicht so bedeutsam, ob Frau M. das bewusst ist, oder ob sie das selbst wünscht, denn die **Wirkung** einer Maßnahme ist von den **Absichten** der Eltern oder Bezugspersonen unabhängig und kann ihnen sogar direkt entgegengesetzt sein.

Familie Meyer *ist eine so genannte „Patchwork – Familie": Andrea und Daniela sind Kinder der Mutter Jennifer. Jennifer und der Stiefvater Jasper haben sich geraume Zeit nach dem Scheitern ihrer ersten Ehe kennen gelernt und geheiratet. Der „Stiefvater" Jasper äußerte die Absicht, beide Mädchen im gegenseitigen Einverständnis zu adoptieren. Obwohl sich alle vier gegenseitig zugetan und die Mutter sowie die Kinder mit der Adoption durch den neuen „Stiefvater" grundsätzlich einverstan-*

[6] Lernerfahrungen laufen in den meisten Fällen eher unbewusst ab. Daher darf den Kindern kein bewusstes, „kalkuliertes" Handeln unterstellt werden.

[7] Eine kritische Reflexion ihres Verhaltens könnte sie jedoch auch dazu motivieren, dieses Verhalten trotz der angenehmen Folge nicht wiederholen zu wollen.

den waren, war die erste Phase des Zusammenlebens häufig durch Eifersucht der Kinder auf ihn gekennzeichnet, wenn sie die Zuneigung ihrer Mutter zu ihrem neuen Ehemann direkt miterlebten und glaubten, sie würden nun bei ihrer Mutter nicht mehr an „erster Stelle" stehen. Diese Eifersucht war besonders bei Andrea, der älteren Tochter ausgeprägt. Sie war 14 Jahre alt und hatte sich vorgestellt, ein gewisser „Vaterersatz" für die alleinstehende Mutter zu sein. Daher war sie in der ersten Zeit gegenüber ihrem „Stiefvater" äußerst kritisch und misstrauisch, manchmal gar feindselig. Das zeigte sich besonders, wenn Jasper den Kindern auftrug, ihre Zimmer aufzuräumen, den Tisch zu decken, oder ihre eigene Unordnung zu beseitigen. Ließ Jasper unangenehme Konsequenzen für den Fall folgen, dass sie seiner Aufforderung nicht folgten, war die ständige Reaktion von Andrea: „Was willst Du denn, Du hast uns überhaupt nichts zu sagen und uns schon gar nicht zu bestrafen". Manchmal eskalierte die Situation und Andrea machte dann genau das Gegenteil von dem, was Jasper einforderte. Lobte Jasper hingegen Andrea, war auch das nicht immer in ihrem Sinne: „Du brauchst dich gar nicht einzuschleimen, auf dein Lob kann ich auch verzichten". Von einer solchen Antwort fühlte sich Jasper sehr betroffen und hatte Mühe, Andrea dann nichts darauf zu antworten. Daniela, 10 Jahre, zeigte diese Schwierigkeiten nicht, da sie Jasper von Anfang an gern mochte und ihm gern einen Gefallen tat. Die Ordnungsliebe von Daniela war aber nicht größer als die ihrer Schwester. Sanktionen ihres Stiefvaters begegnete sie jedoch dadurch, dass sie diese zumeist still akzeptierte oder ihnen aus dem Wege ging, indem sie seiner Forderung nachkam.

Stellte Mutter Jennifer die gleichen Anforderungen an die Kinder wie der Vater, kam Andrea dieser Aufforderung im allgemeinen gern nach oder akzeptierte die unangenehmen Konsequenzen, während Daniela ihrer Mutter ausgesprochen zornig, manchmal wütend begegnete.

Die *Absicht* der Eltern, die sie mit einer Erziehungsmaßnahme verbinden und die *Wirkung* dieser Maßnahme müssen sorgfältig auseinander gehalten werden, denn ihre **Wirkung ist für das Ergebnis entscheidend,** nicht die Absicht der Eltern. Es kann vorkommen, dass ein beabsichtigtes Lob oder eine beabsichtigte Belohnung wie eine Bestrafung wirkt. Umgekehrt kann eine beabsichtigte Strafe, die das Kind nicht erreicht oder vom Kind nicht als Strafe empfunden wird, wie eine Belohnung wirksam sein. Eltern tun gut daran, sich regelmäßig kritisch Rechenschaft darüber zu geben, wie ihre Maßnahmen von ihren Kindern erlebt werden. Nicht immer ist sogleich die Ursache für den gegenteiligen Effekt bei den Kindern zu suchen. Sie liegt oft im Verhältnis Eltern-Kind begründet. Entweder in einer konkreten Situation, die kurzzeitig das Verhältnis zwischen Kindern und Eltern verändert (Stress, Angst, Erschöpfung u. a.), oder aber sie ist grundsätzlich auf dieses pädagogische Verhältnis zurückzuführen. Das ist deutlich am Verhalten der Kinder der Familie Meyer zu erkennen.

Wie hier ebenfalls zu sehen ist, hat eine Person, durch die sich das Kind abgelehnt fühlt, oder die es selbst ablehnt, kaum Chancen einer positiven Einflussnahme. Auch subjektiv gut gemeinte, positive Ansätze und Maßnahmen wirken sich häufig gegenteilig aus. Will Jasper die Situation ändern, gelingt das nur langfristig über den vorsichtigen Aufbau eines Vertrauensverhältnisses zu Andrea.

Ralf *achtet beim Spiel nicht sehr sorgfältig auf seine Kleidung. Ralfs Mutter erwartet, dass ihr Sohn auf seine Kleidung zu achten hat, während sein Vater das für eher unwichtig hält.*

Meinungsverschiedenheiten der Eltern untereinander können schnell dazu führen, die Anerkennung der Person und der Bedürfnisse des Kindes zu vernachlässigen. Ein Elternteil wird sich oft nicht durchsetzen können. Ralf kann sich in dieser Situation nie

„richtig" verhalten. Wie er sich auch entscheidet, immer wird er auf der Seite eines Elternteils stehen, dessen Meinung durch ihn dann in die Tat umgesetzt wird. Das Verhältnis zum anderen Elternteil ist dagegen gestört.

Während die Haltung des Vaters als direkte oder indirekte Unterstützung des Verhaltens von Ralf aufgefasst werden muss, drückt die Haltung seiner Mutter Kritik aus. Das Ergebnis ist für den Jungen eine ambivalente Situation: Folgt er dem Vater, wendet er sich gegen die Mutter. Folgt er der Mutter, schlägt er die großzügige Haltung seines Vaters in den Wind. Selten vorkommende Situationen dieser Art wird ein Kind gut verarbeiten können, wenn es ansonsten die emotionale Sicherheit bei beiden Eltern findet. In vielen Familien jedoch sind sich Eltern häufig nicht einig. Kinder spüren diese Konflikte, da sie verbal oder nichtverbal zum Ausdruck kommen.

Ernstere Konflikte zwischen den Eltern können das Gleichgewicht in der Entwicklung des Kindes stören. Emotionale Kälte, Geringschätzung, Nicht-Verstehen der Eltern untereinander werden mitunter nicht bewusst wahrgenommen, haben aber langfristige Auswirkungen auf Verhalten und Wohlbefinden des Kindes. Vor allem leidet die notwendige Sicherheit und Geborgenheit. Zudem glauben im Moment eines Streits zwischen den Eltern ihre Kinder oft, sei seien die Ursache dieser Auseinandersetzung. Diese Sichtweise belastet ein Kind zusätzlich.

Kinder brauchen Vorbilder, die ihnen helfen, ihr eigenes Leben für die Zukunft sinnvoll zu gestalten. **Vorbilder wirken sich nachdrücklich auf die Erziehung des Kindes aus.** Die ersten und wichtigsten Vorbilder eines Kindes sind seine Eltern. Unser Familienalltag ist durchsetzt mit unreflektiertem Vorbildverhalten von Eltern und Geschwistern. Sie prägen Sprachgewohnheiten, Essgewohnheiten, die Art des Umgangs miteinander in der Familie, den Umgang mit Geld und Gegenständen, religiöse Gewohnheiten, den Umgang mit vermeintlichen oder echten Autoritäten, mit Ehrlichkeit oder Unehrlichkeit, Echtheit oder Unechtheit, schulischen und anderen Leistungen, Bedürfnisbefriedigung unterschiedlichster Art. Alle Bereiche können hier nicht aufgezählt werden. Oft sind sich Eltern solcher Einflüsse auf ihre Kinder nicht bewusst. Das macht es auch sehr schwierig, sie in die bewusste Gestaltung der Erziehung einzubeziehen. Kinder sind jedoch besonders sensibel für Nachahmungsverhalten.[8] Es setzt sich oft fest, ohne dass Eltern es merken. Daher tun sie gut daran, ihr eigenes Verhalten zu reflektieren und sich selbst möglichst konsequent so zu verhalten, wie sie es von ihren Kindern wünschen. Anerkennung, Wertschätzung, Verständnis, Echtheit und Konsequenz spielen dabei eine ganz besondere Rolle. Die Wirkung von Vorbildern kann so stark sein, dass alle anderen Erziehungsbemühungen mit Lob, Belohnung und Bestrafung nicht ausreichen, die Orientierung des Kindes an den Vorbildern zu verändern. Dafür ist Daniel ein Beispiel.

***Daniel** (4 ½ Jahre alt) wohnt in einer Neubausiedlung mit Ein- bis Zweifamilienhäusern in einem Dorf und erhält täglich Anschauungsunterricht in allem, was Männer beim Bau eines Hauses tun.*

Ein befreundetes Ehepaar der Eltern Daniels, Wolfgang und Elli, kommt zu Besuch und muss feststellen, dass Daniel der festen Auffassung ist, alle Arbeiten am Bau eines Hauses könnten nur von Männern verrichtet werden. Das ist dem befreundeten Ehepaar nun doch zu unverständlich und ein Gespräch mit seinen Eltern über die Notwendigkeiten geschlechtspezifischer Erziehung bahnt sich an. Insgeheim macht Wolfgang den Eltern den Vorwurf, die Rollenverteilung in ihrer Ehe sei an diesem Umstand schuld.

[8] Im menschlichen Gehirn befinden sich so genannte „Spiegelneuronen“, Nervenzellen, mit deren Hilfe es bereits dem Säugling möglich ist, Verhaltensweisen der Mutter zu imitieren.

Wolfgang begibt sich in die Spielecke Daniels und beschäftigt sich mit dem Jungen. Die Eltern hören, dass Wolfgang unablässig auf Daniel einwirkt, um ihm verständlich zu machen, dass auch Frauen auf dem Bau arbeiten können. Seine Bemühungen unterstützt er mit Daniels Spielzeug. Das geht so eine ganze Weile. Nach etwa einer Stunde kommt Wolfgang in die Runde der Erwachsenen zurück und verkündet, der Junge habe endlich verstanden und seine Auffassung korrigiert. Daniels Vater ist sich des Erfolges nicht so ganz sicher. „Frag doch Daniel, welche Art von Arbeiten Frauen nach seiner Auffassung denn am Bau verrichten können", bittet er Wolfgang. Sich seines Erfolges sicher, wendet dieser sich an Daniel. „Daniel, was machen Frauen denn alles, wenn sie am Bau arbeiten?" Daraufhin erhält Wolfgang von Daniel die Antwort: „Kaffee kochen".

Es ist in der Tat so, dass für Daniel bei allen beobachtbaren Aktivitäten rund um den Bau des Hauses seiner Familie, wie auch der anderen Häuser, nahezu ausschließlich Männer beschäftigt sah, während Frauen mit Putzarbeiten, Kaffee kochen, Essen bringen etc. angetroffen wurden. Das hatte Daniel sehr genau beobachtet. Diese Lernerfahrungen, die auf Vorbilder zurückgeführt werden, werden eher unbewusst, ohne Reflexion gespeichert. Daraus können sehr nachhaltige Lernerfahrungen entstehen, die bei Kindern nicht leicht durch Nachdenken oder kognitive Einflüsse, wie durch die Aktivitäten Wolfgangs, zu verändern sind, denn **Lernen ist eine Sache der Erfahrung**.

Für Eltern ist es wichtig, diesen Umstand zu beachten, wollen Sie ihre Kinder unterstützen, bestimmte Lernerfahrungen zu machen, zu denen, anders als in unserem Beispiel, sicher auch die Erfahrung gehören sollte, dass nicht nur Männer in der Lage sind, „am Bau" zu arbeiten und Frauen nicht nur Kaffee kochen können. Daniel fühlte sich als Junge in seinem Wunsch, ein starker Mann zu werden, der Müllautos fahren und schwere Arbeit am

Bau verrichten konnte, durch seine Vorbilder deutlich unterstützt. Für Bemühungen von Eltern, Kindern ein differenziertes Rollenverständnis zu ermöglichen, können Vorbilder ein großes Hindernis sein. Das gilt ebenso für manch anderes Erziehungsziel, das zu erreichen Eltern sich vorgenommen haben.

So, wie die Wohn- und Lebenssituation Daniels Auffassung von Frauen- und Männerrollen prägte, kann sie sich auch auf das Eltern-Kind-Verhältnis selbst auswirken. **Das Verhältnis zwischen Eltern und Kindern und deren Entwicklung kann unter einer unangemessenen Wohnsituation sehr leiden.**

Familie Eckermann *hat zwei Kinder, Ines (11 Jahre) und Björn (6 Jahre). Sie bewohnt eine 2 ½ -Zimmerwohnung in einem Mehrfamilienhaus. Der Vater übt in dem Haus eine Tätigkeit als Hausmeister aus und erhält dafür eine Vergütung, durch die die Mietbelastung der Familie verringert wird.*

Die Eltern können sich nicht entschließen, eine größere Wohnung zu mieten, da sie die sehr viel höhere Miete nur sehr schwer aufzubringen in der Lage sind. Auf der anderen Seite möchten sie den Kindern wenigstens eine angemessene Wohnsituation ermöglichen und entscheiden sich, ihnen das Elternschlafzimmer als Kinderzimmer zu überlassen. Sie selbst schlafen deshalb auf einer Bettcouch in ihrem Wohnraum. Offenbar ist die Belastung der Eltern, besonders für die nicht berufstätige Mutter, durch die Wohnsituation doch weniger erträglich, als ihnen bewusst wird. Unter dieser Situation haben die Kinder zu leiden. Manchmal können sie der Mutter nichts recht machen. Selbst das gewöhnliche Kinderspiel, bei dem es immer zu kleinen Reibereien kommt, stellt die Geduld der Mutter auf eine harte Probe. Sie müssen oft ihr Spiel abbrechen und ins Haus kommen, wenn sie sich streiten. Geschieht das innerhalb der Wohnung, erhalten die Kinder „Hausarrest" oder es trifft sie eine andere harte Maßnahme. Die Mutter verlangt von Ines, dafür zu sorgen, dass es keine Streitereien unter den Kindern gibt, sie hätten als Eltern bereits genug damit zu tun, ihnen ein angemessenes und lebenswertes Leben zu gewährleisten. Da müsse eine zusätzliche Belastung durch die unmöglichen Kinderstreitereien nun wahrhaftig nicht auch noch sein.

Vor allem unter dem beengten Lebensraum, dem geringen wirtschaftlichen Spielraum, den Leitvorstellungen der Mutter zum Verhalten ihrer Kinder in deren Alters- und Geschlechterrolle, der Belastung ihrer Beziehung zu ihrem Ehemann durch die gestörte Schlafsituation leiden die Kinder. Sie gehen schon beide zur Schule und haben keinen eigenen Arbeitsplatz für ihre Hausaufgaben. Die elfjährige Ines leidet besonders darunter, zusammen mit ihrem jüngeren Bruder am Küchentisch ihre Hausaufgaben machen zu müssen, da von ihr bereits ein anderes Arbeitsverhalten gefordert wird als von ihrem Brüderchen. Hinzu kommt der Mittelpunkt im Mehrfamilienhaus, in dem die Familie durch die Hausmeisterrolle des Vaters steht, die Aufmerksamkeit der Hausbewohner, die das Verhalten der Familienmitglieder auf sich zieht. All das führt zu einer Überreaktion der Mutter in Konfliktfällen, an denen die Kinder beteiligt sind. Die notwendige Anerkennung, dass Kinder auch streiten dürfen, die Ruhe im Umgang mit ihnen, die Hilfe und Unterstützung für sie in ihren Konflikten kommen zu kurz und schaden der Entwicklung der Kinder sowie dem ganzen Familienleben. Zu guter Letzt trifft Familie Eckermann doch eine gute Entscheidung: Sie zieht in eine neue, größere Wohnung.

Auch Einflüsse aus der frühen Eltern-Kind-Geschichte können den Blick auf die Bedürfnisse des Kindes trüben oder versperren. Das Kind Susanne ist dazu ein Beispiel.

***Susanne** kam zu früh zur Welt. Sie musste die ersten Wochen ihres Lebens in einem Inkubator (Brutkasten) verbringen. Beson-*

ders ihre Mutter litt unter diesem Zustand sehr, denn sie hatte sich die ersten Wochen mit ihrem Kind ganz anders vorgestellt. Sie freute sich darauf, Susanne in den Arm zu nehmen, sie zu stillen, zu wiegen, zu wärmen und viel Körperkontakt zu ihrem Wunschkind zu haben. Und nun das: Ohne Körperkontakt und ohne Nähe lag das zarte Wesen in einem solchen Kasten, an hässliche Schläuche angeschlossen, ganz darauf angewiesen, dass die Pflegenden und ÄrztInnen in der Klinik alles richtig machte. Als die Eltern Susanne nach Hause holen konnten, war sie immer noch ein sehr zartes Kind. Susannes Mutter stellte fest, dass in ihr das Gefühl wuchs, ganz besonders vorsichtig und nachsichtig mit Susanne umzugehen. Alles, was Susanne in ihren ersten Lebenswochen entbehren musste, wollte die Mutter nachholen, damit ihr Kind es genau so gut hatte, wie die Kinder, die sofort zu ihren Eltern entlassen werden konnten. Ja, sogar ein bisschen „entschädigen" wollte die Mutter ihr Kind wegen der erlittenen Entbehrungen. Auch als Susanne sich in der Folgezeit prächtig zu einem kräftigen Mädchen entwickelte, blieb das Gefühl der Mutter, Susanne besonders beschützen und für sie sorgen zu müssen, bestehen. Aus dieser Haltung heraus entwickelten sich eine Reihe Erziehungskonflikte, die mit dem Begriff „Überbehütung" zu kennzeichnen sind. Ständig „überwachte" die Mutter Susanne, damit ihr auch kein Schaden zu stieß. Sie versuchte, dem Kind jeden Wunsch von den Lippen abzulesen. Wollte Susanne etwas tun, war die Mutter sofort da und half. Das war besonders dann der Fall, wenn das Kind etwas anfasste, was ihr nicht auf Anhieb gelang. Konflikte versuchte die Mutter von vornherein zu vermeiden.

Auf der anderen Seite wurden die Ansprüche von Susanne an die Mutter immer größer. Die Mutter hörte sie immer öfter sagen: „Hilfst Du mir mal? Ich kann das nicht!" Oder Susanne saß so lange vor ihrem Essen, bis die Mutter ihr das Essen mundgerecht zerlegte. Brote zerschnitt sie in kleine Häppchen, damit sie *es einfacher hatte, sie in den Mund zu stecken. Obwohl die Mutter also alles für ihr Kind tat, wurde Susanne reizbar in Krisensituationen und unzufrieden. Erst als die Konflikte in der Kindergartenzeit sehr groß und zu einer starken Belastung der ganzen Familie wurden, konnte sich die Situation mit Hilfe einer Erziehungsberatung entspannen.*

Mit Hilfe der in Anspruch genommenen Erziehungsberatung wurde der Mutter langsam deutlich, wo die Ursache der aufgetretenen Erziehungsprobleme lag. Ihre ursprünglich berechtigte Sorge um die Gesundheit des zu früh geborenen Kindes hatte sich in ihr festgesetzt und von ihr Besitz ergriffen. Weil sie es tatsächlich sehr „gut meinte", übersah sie seine wirklichen Bedürfnisse. Bei Susanne schlug die unablässige Hilfe der Mutter um in Unselbstständigkeit. Hier sprechen wir von der „sich selbst erfüllenden Prophezeiung". Dadurch, dass die Mutter ständig in Angst lebte, ihr Kind könne überfordert sein und Schaden leiden, verhinderte sie, dass Susanne durch eigene Erfahrung lernte, sich selbst zu helfen und eigene Lösungen zu finden. Möglichkeiten, selbst Neues auszuprobieren, hatte Susanne also eigentlich nie. Ihr wurde verwehrt, aus eigenen Fehlern zu lernen. Susanne entwickelte sich tatsächlich langsam im Laufe der Zeit zu dem unselbständigen und verletzlichen Kind, das ihre Mutter bereits von der Geburt an in ihr gesehen hatte. Mutter und Kind mussten mit Hilfe der Erziehungsberatung umlernen. Susannes Mutter musste lernen, die lebenswichtigen Bedürfnisse ihres Kindes zu achten, anzuerkennen und das Kind loszulassen, auch wenn damit manchmal eine gewisse Gefährdung verbunden war. Susanne musste lernen, ihre Bedürfnisse zu erkennen, zu formulieren und sich gegen die Überbehütung ihrer Mutter zur Wehr zu setzen. Damit lernte sie zugleich, wieder lebenstüchtig zu werden und ihre Anerkennung nicht durch Ansprüche an die Mutter, sondern an sich selbst zu gewinnen. **So können frühe Einflüsse aus der**

gemeinsamen Eltern-Kind-Geschichte den Blick auf die Bedürfnisse des Kindes versperren.

Kindesmisshandlung ist ein Verbrechen, das sich oft von Generation zu Generation fortsetzt. Sie ist ein schreckliches Beispiel dafür, welchen Einfluss die eigenen Kindheitserfahrungen auf das spätere Erziehungsverhalten der Eltern haben können. Das gilt jedoch auch für andere, weniger schreckliche Erlebnisse. Oft versuchen Mütter und Väter, die Fehler ihrer eigenen Eltern nicht an ihr Kind weiter zu geben. Jedoch können die lebenswichtigen Bedürfnisse des Kindes auch dabei zu kurz kommen, wie es am Beispiel des Verhaltens von Frau Krumey deutlich wird.

***Frau Krumey** hat an das Verhältnis zwischen sich selbst und ihren Eltern in ihrer Kindheit keine positive Erinnerung. Der Vater trank, schlug die Mutter und die Kinder. Auch ihre Mutter hatte zu ihr und ihrer Schwester nur ein sehr distanziertes Verhältnis. „Mutterliebe“ und Geborgenheit, Vertrauen zu ihren Eltern, hat sie nie kennen gelernt. Ihr Vater besaß selbst viele menschliche Fehler, ahndete die Fehler bei seinen Kindern aber mit großer Strenge. Wenn Frau Krumey gefragt wird, ob sie ihre Mutter liebt, kann sie das nur verneinen. Sie selbst möchte zu ihren Kindern aber ein gutes, enges und vertrauensvolles Verhältnis haben, so ganz anders als ihr eigenes Verhältnis zu ihren Eltern. Viele Hindernisse räumt sie ihnen aus dem Weg, obwohl die Kinder es selbst tun könnten. Sie macht das Frühstück, sorgt immer dafür, dass die Kinder pünktlich aufstehen, weckt sie mehrfach, sorgt für die Kleidung, auch dafür, dass sie ihre Termine einhalten und ist rundum beschäftigt, es ihnen recht zu machen.*

Frau Krumey hat ihre eigene Kindheit immer vor Augen, der betrunkene, schlagende Vater, die distanzierte, zu keiner engen Bindung bereite oder fähige Mutter. Sie sieht sich selbst als das Kind ihres Vaters, der nur seine Interessen im Sinne hat. Sie sieht sich aber auch selbst als Mädchen, das seine Bedürfnisse immer in Angst vor den Ungerechtigkeiten der Eltern erkämpfen musste und dabei oft Schaden litt. All das möchte sie ihren eigenen Kindern ersparen und übersieht dabei, dass sie oft des Guten zuviel tut. Für die Kinder wäre es wichtiger, auf der Basis des Vertrauens, das zwischen Eltern und Kindern besteht, selbst für ihre eigenen Bedürfnisse zu sorgen und auch zu lernen, ganz allmählich mit zunehmender Selbständigkeit ihre Dinge des täglichen Lebens eigenständig zu erledigen. Die Arbeit von Frau Krumey besteht im Wesentlichen darin, die Rollen, die sie selbst in ihrer Kindheit innehatte, bei ihren eigenen Kindern zu vermeiden. So ist es immer noch ein wenig Flucht vor der eigenen Kindheit, die auch hier zu einer gewissen Überbehütung führt, mit den Nachteilen, die wir bei Susanne bereits kennen gelernt haben. Überbehütung führt oft dazu, Kindern die Anerkennung zu versagen, die aus ihrer eigenen Leistung erwachsen könnte, wenn Eltern sie zu dieser eigenen Leistung befähigen würden, statt ihnen vieles, was sie selbst zu tun in der Lage sind, abzunehmen. Ist es nicht ein schöneres Gefühl, den Kinder zu sagen: „Wir freuen uns, dass Ihr so zeitig aufsteht, und wir Euch nicht immer mehrfach wecken müssen", als „Jeden Morgen muss ich Euch dreimal wecken, und dann steht Ihr immer noch nicht zeitig auf?" Es ist auch eine Frage des Vertrauens, wie weit zum Beispiel das vierjährige Mädchen allein entscheiden darf, welche Kleidung es anzieht, ob der Zweijährige allein aus seiner Tasse trinken oder die Nudeln vom Teller nehmen kann. Das muss nicht Beliebigkeit bedeuten. Vielmehr liegt hier die Aufgabe der Eltern, die Kinder zu befähigen, sich allein zu kleiden, allein zu essen, sich allein zu wecken und pünktlich zur Schule aus dem Hause zu gehen. Dazu muss ein Stück Unsicherheit, vielleicht Unordnung, aber sicher auch ein Stück „Loslassen" akzeptiert werden. Sicher haben Eltern alle Hände voll zu tun. Lob und Anerkennung, die aus diesem Selbstständigkeitsprozess erwachsen sind, bringen anfangs Mühen mit sich, sind aber später Balsam für die Seele des Kindes (und auch seiner Eltern).

Die eigene Biografie muss keineswegs immer nur zu Verdrängungsprozessen führen. Eigene Kinder führen die Eltern auf eine subtile Weise an ihre eigene Kindheit heran. Darin steckt eine hilfreiche Möglichkeit, Situationen, die als schwierig erfahren wurden, aufzuarbeiten, wenn sie sich mit der eigenen Kindheit auseinandersetzen. An eigenen Kindern wieder gut zu machen, was Eltern an Unangenehmem und Hässlichem in ihrer Kindheit erfahren haben, ist nicht möglich. Lassen Sie sich durch Ihre Kinder immer wieder neu in Ihre eigene Kindheit „entführen" und prüfen Sie dann, was für Ihre Kinder auf der einen Seite, für Sie selbst aber auf der anderen Seite gut und notwendig ist.

Selber machen lassen → S.106

2. Kapitel:
Die Beziehung zwischen Kind und Eltern ist die wichtigste Grundlage des Erziehungsprozesses – sie kann alles verändern

Ohne Bindung verkümmert ein Kind

Es gibt wohl kaum eine Tatsache für uns Menschen, die alle so ohne Ausnahme erfahren haben wie eine Eltern-Kind-Beziehung. Sollte das Kind nicht bei den leiblichen Eltern aufgewachsen sein, so hat es doch, um überleben zu können, andere Bezugspersonen gehabt, die es gepflegt und zumindest „großgezogen" haben. Wohl alle Menschen haben gleiche oder weitgehend identische Grundbedürfnisse. Die meisten wissen daher auch wohl, welche Bedürfnisse ein kleines Kind hat und wie sie mit einem kleinen Kind umzugehen haben, unabhängig von allen kulturellen Einflüssen. Und doch gibt es viele Kinder, denen die Befriedigung ihrer wichtigsten Bedürfnisse für menschengerechtes Leben nicht zugestanden wird.

Da ist als Basis die Befriedigung körperlicher (physiologischer) Bedürfnisse: Hunger, Durst, Freiheit von Schmerz, körperliche Gesundheit, Sexualität. Die meisten Menschen erkennen diese Bedürfnisse eines Kindes ohne weitere Diskussion wenigstens grundsätzlich an. Reichen diese aber aus, um einem Kind ein menschenwürdiges Leben zu sichern?

Erschöpfen sich die Pflichten der Eltern damit, auf diese Bedürfnisse eines Kindes zu achten? Hat ein Kind eine Chance, menschenwürdig zu leben, wenn nur die Grundbedürfnisse durch die Eltern gesichert werden?

Dies allein ist nicht einmal die Basis dessen ist, was ein Kind braucht.

„Polizei rettet 7-Jährigem das Weihnachtsfest. *Oma ließ ihn mit Einjährigem allein zu Haus.*

WAZ Aachen. An den Weihnachtsmann glauben manche Siebenjährige nicht mehr. Aber in der Not helfen die irdischen Gesetzeshüter ganz ordentlich aus, erfuhr am Sonntag der kleine M. aus Stolberg.

‚M. allein zu Haus" – mit dieser Rolle wollte sich der Siebenjährige nicht anfreunden. Da rief er am vierten Advent die Polizei in Aachen an. Ganz aufgelöst erzählte er den Beamten, was passiert war.

Wie im Film waren auch die Eltern von M. zu einer mehrtägigen Reise nach Paris aufgebrochen. Ihn ließen sie mit seinen beiden Geschwistern zurück. Die Oma sollte aufpassen.

Doch am vierten Advent kam morgens der Opa mit dem Auto. Die Oma und die zweieinhalbjährige Schwester nahm er mit. Für mehr Kinder sei kein Platz im Auto, habe Opa gesagt. Und deshalb mussten der kleine Bruder und er zu Hause bleiben. Die Oma hatte aber noch gesagt, dass er die Polizei rufen sollte, wenn etwas wäre.

Ganz tapfer war der kleine M. Aber irgendwann fing der einjährige Bruder an zu schreien und wollte damit gar nicht mehr aufhören, erzählte der Siebenjährige. Und da habe er sich nicht mehr anders zu helfen gewusst und um 11.30 die Nummer „110" angerufen.

Ehrensache, dass die Polizei als Freund und Helfer anrückte. Die nötigsten Sachen wurden gepackt, und dann kamen M. und sein Brüderchen zu einer netten Pflegefamilie. Per Handy wurde die Mutter informiert, die die Kinder abends abholte.

Anders als der Weihnachtsmann braucht die Polizei nicht bis zum nächsten Advent mit Maßnahmen zu warten. Erst einmal wird jetzt gegen die Oma wegen der Verletzung der Fürsorgepflicht ermittelt. Und der Opa scheint den Beamten auch nicht ganz unschuldig zu sein." WAZ 24. 12. 2002

Bei dem kleinen, siebenjährigen Jungen „M." und seinem kleinen Brüderchen wurden die Grundbedürfnisse durch Eltern und Großeltern schwer verletzt, Bedürfnisse nach Sicherheit, Stabilität, Ordnung, Schutz, vielleicht Nahrung, Freiheit von Angst. Wie sollte der kleine Junge mit seinen Bedürfnissen und denen, die sein einjähriger Bruder hatte, fertig werden? So allein gelassen zu werden, kann sich zu einem Trauma für ein kleines Kind entwickeln. Dazu reicht schon eine einmalige Erfahrung, wie es durch das Beispiel der kleinen Christina verdeutlicht wird.

Oma und Opa gingen mit ihrem Enkelkind, der kleinen vierjährigen ***Christina*** *an einem schönen Sonntagnachmittag in der Nachbarschaft der elterlichen Wohnung spazieren. Christina lief, wie sie das so oft machte, einige Schritte vor. Da bei diesem schönen Wetter aber sehr viele Spaziergänger unterwegs waren, verlor sie ihre Großeltern bald aus dem Blick. Diese jedoch versicherten, ihrerseits das Mädchen nicht aus ihrem Blickfeld verloren zu haben. Die Großmutter berichtete den Eltern später, sie habe noch lachend zum Opa gesagt: „Du guck mal, die Lütte sucht uns und kann uns wohl nicht mehr finden". In Christina aber brach Panik aus. Sie suchte verzweifelt und wusste wohl nicht mehr ein und aus, bis die Großeltern sie aus ihrer Panik schließlich erlösten.*

Monatelang wehrte sich Christina nun, von ihren Eltern getrennt zu werden. Niemals wich sie mehr von ihrer Seite. Sie war nicht mehr zu bewegen, in den Kindergarten zu gehen. In der Musikschule mussten die Eltern anfangs vor der Türe sitzen bleiben. Mehrfach kam Christina nachsehen, ob die Eltern auch noch anwesend waren. Ganz, ganz allmählich gewann das Kind seine Sicherheit zurück, in dem die Eltern das Fernsein vom Kind immer ein wenig weiter ausdehnten. Obwohl Christina nun seit langem volljährig ist, hat sie dieses Erlebnis nicht vergessen. Es ist nicht mehr wichtig, weil sie ihre Selbstständigkeit gewonnen hat. Aber vergessen kann sie diese Erfahrung nicht.

Im Falle des kleinen Jungen „M." kommt eine andere bittere Erfahrung hinzu: „Ich bin bei Mama und Papa nicht erwünscht, denn die sind allein weggefahren, ebenso bei Opa und Oma, im Gegensatz zu meiner kleinen Schwester". „Für mich ist kein Platz." „Mein kleiner Bruder und ich sind ihnen lästig." „Wir sind ihnen nicht wichtig."

Es ist das Gegenteil von dem, was Kinder erfahren müssen: Sie brauchen neben Nahrung, Wärme, Sauberkeit, Sicherheit, Freiheit von Schmerz und Gesundheit auch Zuwendung. Es geht nicht ohne emotionale Sicherheit und Wärme, Unterstützung, Hilfe und Anerkennung ihrer Person. Weil die Menschen, deren Aufgabe es ist, diesen Schutz und diese Hilfe dem Kind zu gewähren, hier versagten, suchte der kleine „M." Hilfe und Schutz bei der Polizei, die das Notwenige sicherstellte. Aber das, was der kleine Junge eigentlich suchte, war es sicher nicht.

Zuerst war es der Kinderarzt und Psychoanalytiker René Spitz, der durch seine aufrüttelnden Untersuchungen im Jahre 1945 auf die lebenswichtige Bedeutung der Beziehung zwischen Mutter und Kind[9] für das Leben und Überleben des Kindes hinwies. René Spitz

[9] Wenn im Folgenden von der Bindung oder Beziehung zwischen „Mutter" und „Kind" gesprochen wird, ist damit grundsätzlich auch die Bindung zu anderen Bezugspersonen, also zwischen Vater und Kind angesprochen. In der Zeit nach der Geburt wird aber wohl die Mutter in aller erster Linie die „Dauerpflegeperson" oder „erste" und „kontinuierliche", „primäre" Bezugsperson sein. Fehlt die Mutter, tritt nach dem Verständnis dieses Textes an ihre Stelle eine andere Dauerpflege- bzw. Bezugsperson.

beobachtete, dass viele Säuglinge und Kinder in einem Säuglingsheim, in dem aus vielen Gründen die Kinder keine Mütter hatten oder diese ihnen nicht zur Pflege, Versorgung und Erziehung zur Verfügung standen, trotz ausreichender Ernährung und sorgfältiger körperlicher Pflege körperlich und seelisch verkümmerten. Es stellten sich Essstörungen, Ernährungsstörungen, Gewichtsabnahme, Schlafstörungen, geringeres Größenwachstum, erhöhte Anfälligkeit für Infektionskrankheiten und eine erhöhte Sterberate ein. Zudem eine verstärkte Weinerlichkeit, Teilnahmslosigkeit, erhöhte Ängstlichkeit, Feindseligkeit und eine Verzögerung der motorischen, sprachlichen und geistigen Entwicklung. Depressionen waren häufig festzustellen. Heute wird daher für diese Erscheinung, die zunächst nach dem Aufenthalt der Kinder in einem Säuglingsheim eines Hospitals „Hospitalismus" genannt wurde, eher der Begriff der „anaklitischen Depression" benutzt, der das Krankheitsbild noch genauer bezeichnet. Der Kinder- und Jugendpsychiater Ulrich Rabenschlag betont in seinem Buch: „Wenn Kinder nicht mehr froh sein können – Depressionen bei Kindern erkennen und helfen", dass die Gefühlslage einer Depression ein Mischgefühl aus verschiedenen Grundgefühlen wie Wut, Ärger, Feindseligkeit, Ekel, Furcht, Schuldgefühlen und Scham darstellt (Rabenschlag, 48). Dieses Mischgefühl verschiedener Grundstimmungen stellt die Bezugsperson, die sich mit dem Kind befasst, wiederum vor besondere Anforderungen, wie sich leicht vorstellen lässt.

Worin lagen nun die Ursachen, die zu dieser Art von Depression führten, wenn diese trotz ausreichender körperlicher Pflege entstand?

Die oben geschilderten Grundgefühle sind bei einem Menschen vom Anfang seines Lebens an vorhanden und entwickeln sich bereits während der Schwangerschaft. Sie sind von Anfang an aber auch bereits Signale für ihre Umwelt und mit dem Kommunikationsverhalten eines Säuglings verbunden. So helfen sie ihm, Kontakt mit seiner Mutter aufzunehmen, Verständigung zu suchen und eine sichere Bindung zu seiner Bezugsperson aufzubauen, die der kleine Mensch dringend benötigt, um sich gesund zu entfalten und zu entwickeln.

Die Säuglinge und Kleinkinder, die René Spitz im Säuglingsheim untersuchte, lebten in großen Räumen, in denen sich viele Bettchen mit Kindern befanden. Damit wenigstens etwas Ruhe in dem Raum herrschte und sich die vielen Kinder nicht gegenseitig ständig in ihrer Unruhe bestärkten, wurden die Bettchen seitlich mit Leinentüchern verhängt. Die Kinder konnten also keinen Kontakt zu anderen Kindern aufnehmen und meist nur an die Decke sehen. Darüber hinaus gab es nur wenig Pflegepersonal. Dieses konnte lediglich die notwendige körperliche und medizinische Versorgung sicherstellen. Mit den Kindern wurde nicht gespielt, sie hatten wenig Körperkontakt und wenig andere Anregungen. Nach der Nahrungsaufnahme mussten die Schwestern die Kinder rasch wieder in ihre Bettchen legen, da sie noch viele andere Kinder zu versorgen hatten. Praktisch waren die Pflegepersonen für die Kinder gefühlsmäßig nicht anwesend.

Heute weiß man, dass es nicht einer körperlichen Abwesenheit der Bezugsperson bedarf, um Symptome einer anaklitischen Depression beim Kind hervorzurufen. Es reicht völlig aus, wenn Kinder trotz der körperlichen Anwesenheit einer Bezugsperson von dieser in ihren wichtigsten Grundbedürfnissen vernachlässigt werden.

Emotionale Wärme – Bedürfnisse nach Zuwendung, Anerkennung und Akzeptanz

Werfen wir erneut einen Blick auf den kleinen **Daniel**, von dem schon berichtet wurde, und sehen, wie dieser seine Situation nach dem Umzug in das neue Haus seiner Familie erlebt hat und wie er sich in dieser Situation verhielt.

Familie Claaßens hatte drei Kinder und ihr neues Haus, an dem auch nach dem Einzug so mancherlei zu tun war. Sohn ***Daniel*** *war beim Einzug gerade 4 Jahre alt und sehr darauf bedacht, seinen Eltern bei all den Arbeiten am und im Hause, besonders aber den Bauarbeiten, zu helfen. Sobald der Vater in seinen Arbeitsanzug schlüpfte, zog Daniel ebenfalls seine „Arbeitssachen" an, zu denen ein Paar Kinder-Lederhandschuhe und ein Bau-Helm gehörten. Der Helm war für Daniel auf die kleinste Größe zurecht geschnürt. Dann ging es an die Arbeit. „Bauarbeiter", Müllfahrer" und „Betonfahrer" waren in dieser Zeit für ihn die großen Vorbilder, da in der neuen Siedlung noch mehr Häuser gebaut wurden und Daniel jeden Tag miterleben konnte, welch teilweise schwere oder bestaunenswerte Arbeit die Männer erledigen mussten. Allen voran diejenigen, die entweder hoch oben am Giebel eines Hauses beschäftigt waren, die ein riesiges Müllauto fuhren oder ein Betonfahrzeug mit einem haushohen Kran, der den Beton bis unters Dach transportierte.*

Alle Bekannten, die Daniel arbeiten sahen, riefen ihm gute Worte zu wie: „Du bist aber ein fleißiger Arbeiter" oder: „Es ist doch schon spät, musst du nicht ins Bett?", worauf das Kind im Brustton der Überzeugung antwortete: „Ich muss doch dem Papa helfen". Andere Bemerkungen waren: „Du bist aber ein starker Mann", und: „Du bist aber schon groß, weil du dem Papa so kräftig helfen kannst" oder: „Wenn du so kräftig arbeitest, wirst du aber einmal groß und stark". Unermüdlich schaffte Daniel und erhielt auch von seinen Eltern alle Unterstützung. Daniel hatte sein eigenes Eimerchen, sein Schippchen, ein kleines Hämmerchen, mit dem er hämmern konnte und viele andere Werkzeuge, mit denen er sich beschäftigte. Transportierte der Vater zum Beispiel Sand, füllte Daniel sein Eimerchen und machte es dem Vater nach. Unermüdlich, Eimerchen für Eimerchen.

Wenn er den Sand an einer ungünstigen Stelle ablud oder mit einem Werkzeug unvorsichtig umging, zeigte ihm der Vater, wie es richtig gemacht werden musste. Gern nahm Daniel zumeist die Hinweise des Vaters an und setzte sie, so gut es ging, um. Es gab aber auch Einschränkungen, wenn das Kind mit gefährlichen Werkzeugen hantierte oder im Begriffe war, Schaden anzurichten. Dann musste er sich ein klares „Nein, so geht das nicht", oft ergänzt durch: „Du kannst es aber so und so machen!" anhören.

Leerten die Müllmänner die Tonnen in der Straße, schob Daniel die leeren Tonnen wieder zu den Häusern zurück. Ab und zu erhielt er eine Tafel Schokolade, hin und wieder auch ein Geldstück mit der Bemerkung, dieses in die Spardose zu stecken. Als deutlichste Belohnung aber galt ihm das Mitfahren auf dem Müllwagen. Die Müllmänner halfen ihm, sich auf eines ihrer „Trittbretter" zu stellen, zu Fuß begleitet und gesichert durch einen Müllwerker, so dass Daniel nicht gefährdet wurde, während der Müllwagen sich langsam die Straße hinab bewegte.

Alle Anwohner kannten und mochten Daniel, waren freundlich zu ihm und bedankten sich.

Daniel freute sich und war immer mit Begeisterung dabei. Fragte man ihn, was er später einmal für einen Beruf ergreifen wolle, war die Antwort eindeutig: „Müllfahrer, Betonmischerfahrer oder Bauarbeiter".

Daniel wollte dazu gehören: zu seiner Familie, seinen Freunden, zu den für ihn bewundernswerten Arbeitern, die die schwere Arbeit verrichteten. Er wollte es ihnen gleich tun, seinem Vater bei den Arbeiten am Haus, den Bauarbeitern, den Müllwerkern. Daniel wünschte, groß und kräftig zu sein wie sie. Dann gehörte er noch deutlicher zu ihnen.

Beziehungsfähigkeit ist dem Menschen angeboren. Ob er dieses Potenzial nutzen und die für ihn (über)lebenswichtige Beziehung aufbauen und wie er sie gestalten kann, hängt jedoch davon ab, wie er in frühester Kindheit Beziehung erfahren hat, angenehm, bejahend, unterstützend oder ablehnend, vernachlässigend, erniedrigend. Wie bereits erwähnt, ist es dem Säugling möglich, Verhaltensweisen der Mutter zu imitieren: Lachen, Erstaunen, Ärger, Bewunderung, Freude, Angst, Mimik, Gestik. Beobachter können die Gleichartigkeit und die Bezogenheit der Äußerungen aufeinander zwischen Mutter und Kind beobachten. Findet das Kind eine positive Resonanz auf seine Wünsche, kann die positive Entwicklung einer sicheren Bindung ihren Anfang nehmen. Findet es aber keine Resonanz, beginnt zunächst das Suchen nach einer positiven Antwort auf seine Bemühungen. Bleibt sie erfolglos, stellt sich Enttäuschung, „Frustration" ein. Daraus kann der Anfang einer gestörten Beziehung zwischen Mutter und Kind entstehen. Oft ist diese gestörte Beziehung bereits im Säuglingsalter zu entdecken.

Daniel genoss die Anerkennung. Sie war ungeheuer wichtig für ihn. Er fühlte sich auch durch seine Bezugspersonen akzeptiert, angenommen, so wie er war. Die Müllwerker erkannten ihn an, er durfte mit ihnen auf dem Müllauto fahren. Die Nachbarn erkannten ihn an, er erhielt Zuspruch, Lob und Belohnung dafür, dass er ihnen die Mülltonnen aufs Grundstück schob. Sie zeigten ihm ihre Anerkennung und Zuneigung auch durch ihre Freundlichkeit und Herzlichkeit ihm gegenüber. Die Eltern zeigten ihm ihre Anerkennung, sie besorgten ihm Arbeitskleidung, Handschuhe, einen Helm, Werkzeug, das er angemessen einsetzen konnte. Der Vater hatte Geduld mit ihm. Manchmal störte Daniel den gewünschten reibungslosen Ablauf der Arbeiten. Wenn der Junge eine Leiter bestieg, war der Vater geduldig hinter ihm, bis das Kind sicher oben ankam. Abwärts war es umgekehrt. Der Vater stand unterhalb und sicherte seinen Abstieg. Die Müllleute warteten geduldig, bis Daniel auf das Auto gestiegen war und boten ihm Schutz vor Schäden, indem sie auf ihn achteten und besonders langsam fuhren.

Anerkennung, liebevolle Zuwendung, emotionale Wärme und Freundlichkeit sind der Schlüssel zur Herstellung einer positiven, sicheren Beziehung, die durch Verständnis, Annahme des Kindes in seiner Eigenart und eine hohe Wertschätzung ihm gegenüber sowie durch Kontinuität und Sicherheit gefestigt wird.

Daniel hatte nicht nur ein freundschaftliches Verhältnis zu seinen Eltern, die ihn, wo es eben ging, in seinen Wünschen unterstützten. Er besaß zugleich Freunde in seinem Wohnumfeld, mit denen er zusammen sein konnte, wenn er mochte. Darunter einen festen Freund, mit dem er nahezu täglich zusammen war.

Positive emotionale Beziehung und sichere Bindung in der frühen Kindheit fördern Freundschaften. So sind bei emotional sicher gebundenen Kindern weniger Feindseligkeit, Aggressivität, Unruhe, innere Spannungen zu beobachten. Eher sind emotionale Ausgeglichenheit, Zuversicht, Ruhe, geringere Angst, größere Bereitschaft, das eigene Verhalten am Verhalten der Eltern oder des Freundes zu orientieren, festzustellen. Positive Gefühle können eher erwidert werden. Überhaupt sind emotional sicher gebundene Kinder eher in der Lage, den Menschen gegenüber, die sie mögen, ähnliche positive Gefühle zu erwidern als unsicher gebundene Kinder.

Es war keineswegs so, dass Daniel mit allem einverstanden war, was er tun und was er lassen sollte. Konflikte sind Bestandteil jeder Beziehung zwischen Menschen. Der Charakter der Feindseligkeit, den es in extrem belasteten Familienkonstellationen gibt, fehlte aber in der Beziehung zwischen Daniel und seinen Eltern. Ein Kind in einer sicheren positiven Beziehung ist eher bereit, Positives wie Negatives von seinen Eltern anzunehmen. Vergessen wir nicht, dieses Kind hat selbst die Erfahrung machen können, dass folgsames wie auch widerspenstiges Verhalten die Akzeptanz und die Wärme in der Beziehung nicht vermissen ließen. Daher haben die Akzeptanz und die Anerkennung, die in einer tragfähigen Beziehung zum Ausdruck kommen, auch Auswirkungen auf die Bereitschaft, das Verhalten der Eltern zu akzeptieren. Daniel entwickelte sich später trotz eines harten Schicksalsschlages, den er verkraften musste, zu einem sozial denkenden und verantwortungsvollen jungen Mann.

Die Art der Beziehung zwischen Kind und Eltern hat immer Auswirkungen auf alles, was Eltern und Kinder tun. Akzeptanz und Ablehnung einer Maßnahme der Eltern durch die Kinder liegen oft ganz nah beieinander und werden vielfach durch die Art der Beziehung zwischen Eltern und Kind zur einen oder anderen Seite hin entschieden. Das ist deutlich durch die Konflikte zu erkennen, die sich in der Familie Meyer zeigten. Obwohl grundsätzlich die beiden Mädchen Andrea und Daniela ihren neuen Stiefvater Jasper nicht ablehnten und auch mit der Adoption einverstanden waren, führte die Eifersucht zu gegensätzlichen Reaktionen der Mädchen.

Andrea, besonders um ihre Mutter bemüht und zeitweise auf Jasper sehr eifersüchtig, freute sich über das Lob der Mutter und akzeptierte ihre negativen Sanktionen, während man den Eindruck gewinnen konnte, Lob des „Stiefvaters" sei ihr unangenehm. Sie wies sein Lob oft brüsk zurück.

Danielas Reaktionen waren genau entgegengesetzt. Sie freute sich über das Lob Jaspers und akzeptierte dessen Sanktionen und Anordnungen, während sie ihrer Mutter beständig eher zornig, manchmal wütend begegnete.

In dieser Zeit war Lob für Jasper gegenüber Andrea kein angemessenes Mittel, es führte im Gegenteil zu völlig ungewünschten Reaktionen der älteren Tochter. Jedoch halfen Sanktionen ebenso wenig zu einem besseren Verhältnis.

Manche Leser werden fragen, was Jasper denn hätte tun können, wenn weder Lob noch Sanktionen ein greifbares Ergebnis brachten:

Auf notwendige Anordnungen und Sanktionen sollte auch unter diesen Umständen nicht verzichtet werden. Jasper müsste sich jedoch bemühen, sie in einen Rahmen einzubetten, der Andreas negative Reaktionen nicht noch steigert. Das kann eine freundliche, aber konsequente Ansprache sein, eine sachliche Begründung. Eigene Betroffenheit, eigener Zorn und eigene Wut auf die Reaktion der Tochter verbalisieren (ansprechen), aber nicht gegen die Tochter richten. Lob sparsam und nur in einer Situation äußern, die Andrea es auch erlaubt, das Lob anzunehmen. Das ist schwer: „Jasper hatte Mühe, nichts darauf zu antworten", heißt es in dem Bericht.

Hier ist klar zu erkennen, welche Bedeutung die Beziehung zwischen Kind und Erzieher für die Akzeptanz erzieherischer Maßnahmen hat. Langfristig kann Jasper die gewünschte Veränderung nur erreichen, wenn er das Vertrauen Andreas gewinnt. Ändert sich das Verhältnis zwischen beiden, wird diese Änderung auch Auswirkungen auf die Akzeptanz von Jaspers Verhalten haben. Das dauert lange, ist aber der einzige Weg, der Andrea dazu verhilft, sowohl das Lob als auch die Sanktion ihres „Stiefvaters" zu akzeptieren. **Die Beziehung zwischen Kind und Eltern ist die wichtigste Grundlage des Erziehungsprozesses, sie kann alles verändern.**

Die Annahme des Kindes in seiner Eigenart

Frau M. wünschte sich immer ein Mädchen. Als sich 3 Jahre nach ihrer Eheschließung immer noch kein Nachwuchs zeigte, wurde sie unruhig und ließ sich von Ärzten beraten, was sie tun könne, um endlich ein Kind, hoffentlich ein Mädchen, zu bekommen. Frau M selbst ist unter 4 Brüdern groß geworden. Wohl daher rührte der Wunsch, ein Mädchen zu haben. Dann war es endlich so weit, sie war schwanger. In aller Freude über ihre

Schwangerschaft begann sie, Kleidung und Möbel zu kaufen: Rosa musste alles sein, für das zu erwartende Mädchen. Wenn ihr Mann vorsichtig andeutete, dass es ja auch ein Junge werden könne, sagte sie immer: „Es wird ein Mädchen, ich fühle es ganz genau". Dann eröffnete der Arzt ihr, dass sie einen Jungen bekommen werde. Schweigend, ohne sichtbare Regung nahm sie die Mitteilung in sich auf. Sie änderte nichts. Wenn Verwandte eine Bemerkung wegen der Farben der Babykleidung machten, antwortete sie ebenfalls nicht. Die Verwandten sagten dann zu mehr sich selbst, es spiele natürlich tatsächlich keine Rolle, wie man ein Baby kleiden würde. Dem stimmte Frau M. dann zu. Der kleine **Dennis** *wuchs heran. Manchmal zog sie ihrem Jungen Kleidchen an und sagte dann zu ihrem Mann: „Sieht es nicht süß aus", um sich dann schnell zu berichtigen: „Ich meine natürlich, dass er süß aussieht. Wie ein Mädchen. Es ist ja noch ein Baby."*

Sie konnte es nur schwer verwinden, statt des Mädchens einen Jungen geboren zu haben. Dutzende Gespräche wurden zwischen ihr und ihrem Ehemann geführt, der das Problem einer schwierigen Identitätskrise auf das Kind zukommen sah. Ein Kind, so meinte er, hätte das Recht, in seiner Eigenart akzeptiert zu werden, ob Junge oder Mädchen. Vorsichtig versuchte er, seiner Frau zu vermitteln, eine Beratungsstelle aufzusuchen, um mit ihrer Hilfe gemeinsam den Weg zu ihrem Kind, nämlich zu ihrem Sohn zu finden. Frau M., rationalen Argumenten durchaus zugänglich, stimmte zu, aber auch eher, um dem Wunsch ihres Mannes entgegen zu kommen, als aus Überzeugung.

Langsam lernte sie im Beratungsprozess, das Kind zu sehen. Seine Regungen, sein Lachen, seine Freude, sein Unwohlsein, seinen Schmerz. Bisher hatte sie, so stellte sie erschreckt während der Beratung fest, nicht ihr Kind gesehen, sondern irgendein Kind, welches an der Stelle ihres Kindes da vor ihr lag, denn ihr Kind war ja in ihren Wünschen in Wahrheit ein Mädchen. Nun machte sie eine weitere verblüffende Erfahrung: Sie stellte fest, wie reizend das Kind war, sobald sie es ansah und nicht in diesem Kind immer ein anderes, gewünschtes, erblickte. Jetzt konnte sie sich anrühren lassen von dem Bemühen des Kindes, zu ihr Kontakt aufzunehmen, sie anzulachen, mit ihr zu schäkern, ihren Schutz zu suchen, wenn der kleine Junge Schmerzen hatte oder es ihm nicht gut ging. Das hatte sie noch nie erfahren, dass ein Mensch männlichen Geschlechtes bei ihr Schutz suchte. Von ihren Brüdern und ihrem Vater her kannte sie das nie. Nun stand ihr plötzlich alles deutlich vor ihren Augen. Wie wenig ihr Vater und ihre Brüder sie als Frau achteten, wie sehr ***sie*** *immer bemüht war, die Anerkennung ihrer Brüder und ihres Vaters und auch ihres Mannes zu erlangen. Wie wenig hingegen Bemühungen ihrer Brüder und Ihres Vaters in ihrem Gedächtnis waren, dass diese um ihre, der Schwester und Tochter Anerkennung bemüht gewesen waren, wie wenig Geltung Frauen in der Umgebung ihrer Familie besaßen und – das war ihr noch nie aufgefallen – wie wenig auch ihre Mutter als Frau Geltung genoss in ihrer von Männern dominierten Familie. Ihre Mutter hatte das still ertragen und sie als Kind mit in diesen Bann gezogen, unmerklich für sie. Jetzt konnte sie ihren Sohn sehen und verstand kaum noch, wieso sie alles das, was dieses Kind so einmalig machte, bisher zu übersehen in der Lage gewesen war. Jetzt fühlte sie sich auch in der Lage, dieses Kind gemeinsam mit ihrem Mann zu erziehen, denn jetzt sah sie ihr Ziel deutlich vor Augen: Aus diesem kleinen Kind sollte einmal ein Junge werden, der Mädchen so annehmen sollte wie sie sind, als Mädchen und nicht, wie sie es von ihrem Vater und ihren Brüdern gewohnt war. Ein Mädchen war für diese Männer nur ein verhinderter Junge.*

Ein Kind anzunehmen wie es ist, heißt, es in seiner Eigenart anzuerkennen, seine Gefühle zuzulassen, sich ihm in positiver Absicht zuzuwenden, eine Atmosphäre des Wohlfühlens zu schaffen, ihm Schutz und Hilfe zukommen zu lassen, wenn es diese benötigt. Fehler dürfen jedoch nicht einfach übersehen werden. Können die Eltern sie nicht akzeptieren, unterstützen sie ihr Kind, sie zu beheben.

Akzeptieren bedeutet auch, Bedürfnisse des Kindes zu bejahen. „Stell dich nicht so an." oder: „Was du immer hast." und: „Immer musst du eine Extrawurst gebraten haben." sind Signalsätze, die aufhorchen lassen. Eltern als Partner können sich darin unterstützen, aufmerksam dafür zu werden. Es gibt noch weitere Varianten, die bei Jungen zu hören sind: „Ein Junge weint doch nicht!" (aber ein Mädchen weint?!) „Ein Junge muss groß und stark werden!" (ein Mädchen nicht?!) „Du bist wie Tante Mathilde – oder Onkel Bernd." (‚Guck dir die an, die sind schrecklich, und so bist auch').

Mit gut zwei Jahren fängt ein Kind an, Fragen zu stellen, es möchte seine Neugierde befriedigt wissen. „Wa-um?" (=Warum?) war das Lieblingswort des kleinen Max (2 Jahre). Alles musste er anfassen und mindestens einmal umdrehen. In diesem Alter wird Kindern die erste kognitive „Fessel" angelegt, die ihre Neugierde schnell einfrieren lässt. „Lass mich endlich mit deiner Fragerei in Ruhe!" Das verstehen Kinder auch, wenn es nichtverbal, durch Mimik und Gestik ausgedrückt wird. Es gibt Eltern, die begegnen ihren Kindern in dieser Phase richtig bösartig. Da können Kinder sich nicht anerkannt fühlen und keine Freude entwickeln, Neues zu entdecken.[10] Sicherheit allein führt schnell zu Starrheit und Unbeweglichkeit. Leben aber ist Bewegung, Entwicklung, Bedürfnis nach Herausforderung. Zugleich Abgleich mit vergangenen Erfahrungen und dem Verlangen nach einem gewissen Maß an Si-

---

[10] Ein aufschlussreicher Beitrag zu Kinderfragen befindet sich in der Zeitschrift: Kindergarten heute. Lothar Klein: „Und warum ist das so?" Kinderfragen Raum und Zeit geben. Kindergarten heute Nr. 4/2004, S. 20ff.

cherheit, damit der neue Schritt ins Ungewisse getan werden kann. Neues stimuliert, eröffnet neue Möglichkeiten, macht aber auch Angst und bringt Unsicherheit. Neugier ist der Motor dazu. Daher gehört die Neugier für das Kind (wie auch für den Erwachsenen) notwendig zu der Möglichkeit, Neues zu entdecken, „Lebens"erfahrung zu machen. Wer einem Kind diese Möglichkeit nimmt, nimmt ihm seine Möglichkeit zu lernen, nimmt ihm seine Identität und seine Anerkennung. Ein Kind, das keine emotionale Sicherheit hat, kann keine neuen Herausforderungen annehmen. Ein Kind, das mangels emotionaler Sicherheit keine neuen Herausforderungen annehmen kann, verkümmert.

Kinder nehmen das Recht für sich in Anspruch, anderer Meinung als ihre Eltern zu sein und Eltern gegenüber ihren Kindern „selbstverständlich" ebenfalls. Im Säuglingsalter bereits beginnt dieser Prozess. Schon dort werden die Weichen gestellt, wie tolerant ein Kind später selbst sein wird. Zunächst ist es schlicht Ausdruck eines Bedürfnisses, wenn ein Kind nicht das möchte, was die Eltern gerade für richtig halten. Wenn daraus ein Kampf erwächst, wie das so häufig und farbig in Elternratgebern beschrieben ist, haben irgendwann die Eltern diesen Kampf begonnen. Leider nehmen es Eltern oft für sich in Anspruch, mit zweierlei Maßstäben zu messen. Sie nehmen für sich in Anspruch, dass ihre Bedürfnisse gerechtfertigt und ihre Meinung o.k. sind. Müssten sie dann nicht auch selbstverständlich annehmen, dass die Meinung des Kindes und seine Bedürfnisse o.k. sind? Verletzte Eitelkeit, Angst vor Autoritätsverlust, die Sorge, vom Kind „untergebuttert" zu werden sind Auslöser für diesen Kampf. Nicht, dass Eltern in allem dem Kind nachgeben müssten, ist das Problem. Es besteht vielmehr in der Art und Weise, wie die unterschiedlichen Auffassungen zwischen Kind und Eltern ausgetragen, gelöst oder nicht gelöst werden. Daraus ergeben sich später die Probleme. Ein Kind muss langsam in seine eigene Verantwortung hineinwachsen. Aber ihre

Verantwortung dürfen Eltern sich nicht vom Kind abnehmen lassen. Darüber darf es keine Diskussionen mit dem Kind geben.

Der Prozess gegenseitigen Verstehens beginnt idealerweise schon früh. Verstehen bedeutet, sich in die Situation des anderen hineinversetzen können und ihm das auch deutlich zu zeigen. Dazu bedarf es bestimmter Kommunikationsfähigkeiten, wie einer gewissen Selbstsicherheit, Reflexionsfähigkeit und -bereitschaft bezüglich der eigenen Gefühle und des eigenen Verhaltens. Eltern müssen sich ihren Kindern mitteilen und verständlich machen können und das auch tun. Erst nach einem langen Prozess hat sich die Mutter von Dennis in der Lage gesehen, sich tatsächlich ihrem Kind zu öffnen und es in seinen Wünschen zu verstehen. Nicht mehr nur sich selbst in ihren Gefühlen, ohne das tatsächlich selbst wahrzunehmen. Gerald Hüther und Helmut Bonney weisen in ihrem bereits angeführten Buch darauf hin, dass durch zahlreiche Studien auch beim Menschen inzwischen nachgewiesen worden ist, dass Vernachlässigung, Missbrauch und emotionale Verunsicherung während der Kindheit nachhaltige Folgen für die weitere Hirnentwicklung haben und an der späteren Ausbildung unterschiedlicher psychischer Störungen ganz entscheidend beteiligt sind. Unter Umständen bleibe das Kind, so die Autoren weiter, ein Leben lang in Stresssituationen übersensibilisiert. Und was für die Auswirkungen all dieser negativen Erfahrungen auf die Strukturierung des sich entwickelnden Gehirns gelte, müsse natürlich auch für all das gelten, was einem Kind oder einem Jugendlichen helfe, besser als bisher mit bestimmten Belastungen fertig zu werden, sie zu verarbeiten und einen Ausweg aus dem Teufelskreis von Angst, Verunsicherung und vergeblichen eigenen Lösungsversuchen zu finden (ebd., S. 78). Dazu lohnt es sich für die Eltern, den langen Weg der Mutter von Dennis zu gehen und zu lernen, ihr Kind zu verstehen. Das wird nicht nur ein Gewinn für das Kind, sondern zugleich auch für seine Eltern sein.

Für Gesundheit, Geborgenheit, Sicherheit, Beziehungsfähigkeit, Vertrauen, Selbstsicherheit, Verantwortungsbereitschaft und Liebesfähigkeit sind die angesprochenen Gesichtspunkte unabdingbare Voraussetzung. Sie machen emotionale Wärme aus. Ohne sie kann ein Mensch kein menschenwürdiges Leben führen.

Das Kind unterstützen, befähigen und anleiten

Emotionale Wärme und Liebe allein genügen nicht. Sie sind **die** notwendige, aber keine hinreichende Voraussetzung für ein selbstbestimmtes, verantwortliches und menschenwürdiges Leben.

Maries *Nachbarn, Familie R., hatten einen großen Hund. Marie war zwei Jahre alt. Unablässig zog es sie zu Ascan, dem Hund hin. Ascan lag immer im Garten vor dem Gartentor und verhielt sich gerade kleineren Kindern gegenüber ausgesprochen kritisch. Kam man ihm zu nahe, wurde er wütend und bellte heftig. Das war nicht immer so. Früher liebte er Kinder und wollte am liebsten mit ihnen hinter einem Ball herjagen. Durch den Zaun, der das Grundstück umgab, konnten die Kinder das Tier streicheln. Da er nicht auf die Spielstraße konnte, steckte er seinen Kopf immer unter dem Zaun hindurch. Dann kam eines der Kinder auf die Idee, den Hund zu ärgern, da dieser ihnen hinter dem Zaun ja nichts anhaben konnte. So ärgerten sie ihn mit langen Stöcken. Dass Ascan dadurch wütend wurde, schien den Kindern Spaß zu machen. Dann trat Jessica ihm eines Tages mit dem Fuß erbarmungslos ins Gesicht. Seit diesem Tag war das Tier vor Zorn nicht mehr zu halten, wenn Kinder am Zaun vorbeigingen. Kein Kind durfte Ascan mehr anfassen. In dieser Situation traf Marie auf Ascan. Die Familie Maries und Familie R. lebten im gleichen Hause. Dadurch ergab es sich, dass der Hund und Ma-*

rie oft zusammentrafen. Die Erwachsenen achteten unablässig darauf, dass Marie Ascan nicht allein entgegentrat, weil die Ungewissheit über sein Verhalten zu groß war. Trotzdem musste etwas geschehen, um den Hund an das Kind zu gewöhnen, zumal Marie das Tier immer anfassen und streicheln wollte, zugleich aber eine höllische Angst zeigte, wenn er, der ja viel größer als Marie war, auf sie zu kam. Marie musste nun langsam lernen, wie sie sich dem Hund gegenüber verhalten konnte, um seine Zuneigung zu gewinnen. Der Hund musste erfahren, dass ihm von Marie her keine Gefahr drohte. Es war ein gegenseitiger Lernprozess, der die Mithilfe aller Erwachsenen im Haus erforderte. Marie wurde konsequent an den Hund herangeführt. Dabei war es oft notwendig, dem Kind klare Grenzen zu setzen, es aber auch gleichzeitig zu richtigem Verhalten anzuleiten.

Erziehung besteht zu einem wichtigen Anteil darin, Kinder zu lenken. Dabei geht es nicht nur um Konfliktregelung und Einschränkung des Kindeswillens und -verhaltens, sondern auch um Hilfestellung, wenn ein Kind ängstlich, unsicher oder ungeübt ist, mit einer Sache oder Verhaltensweise allein klar zu kommen. Marie und ihr Wunsch, Ascan zu streicheln, zeigt so eine Situation auf. Hier bedurfte es intensiver Mitarbeit der Eltern Maries und auch der Familie R., in der Ascan lebte. Mit großer Wahrscheinlichkeit wäre der Versuch Maries nicht zu einem glücklichen Ende gekommen, hätten Erwachsene nicht eingegriffen und Marie immer wieder ermutigt und unterstützt. Das geschah, indem sie das Kind unterwiesen, wie es auf den Hund zuzugehen hatte, was es tun und was es auf keinen Fall tun durfte. Hier wurden Marie Wege aufgezeigt, aber auch klare Grenzen gesetzt. Beides, das Aufzeigen von Wegen und das Setzen von Grenzen waren unverzichtbare Bestandteile der Heranführung Maries an das Tier. Nur so gab es auch für den Hund eine Möglichkeit, sich mit Marie anzufreunden.

Auf einen Umstand, der oft über den Erfolg oder Misserfolg eines Kindes entscheidet, soll kurz hingewiesen werden. In diesem Fall halfen alle Betroffenen mit, Marie zu unterstützen. Da war die Familie R. mit Eltern und Kindern, auch die Eltern Maries, die sich alle dem Hund in gleicher Weise gegenüber verhielten. Maries Wünschen kamen sie ebenfalls mit geeigneten Maßnahmen entgegen. Maries Verhalten wurde dadurch in ein homogenes Umfeld eingebunden, das sie ermutigte, auf Ascan zuzugehen. So konnte sie ihre positiven Erfahrungen mit dem Hund festigen und erweitern.

Hier sind einige Bemerkungen zu einer häufig gemachten Beobachtung angebracht. Für viele Eltern scheint ein Problem darin zu bestehen, ihrem Kind notwendige Einschränkungen aufzuerlegen. Sie wollen nicht „autoritär" auftreten und lassen dann den Dingen freien Lauf. Die Diskussion über Erziehungsstile hat offenbar viele Eltern sehr verunsichert. Am häufigsten wird davor gewarnt, Kinder zu strafen, ihnen Einschränkungen aufzuerlegen, sie Zwängen auszusetzen, sie nicht vor Nachteilen zu schützen, sie nicht wie gleichberechtigte Partner zu behandeln. Theresa Maria de Jong und Michaela Köster kritisieren in ihrem Buch „Ist mein Kind denn zu verwöhnt?", Autorität werde heute gleichgesetzt mit Zwang, Unterdrückung und körperlicher Züchtigung. Moderne Erziehung solle den partnerschaftlichen Umgang zwischen Eltern und Kindern praktizieren, Kinder sollten aus Einsicht handeln und nicht unter Zwang. Sie weisen darauf hin, dass nach einer Mütterbefragung durch Cordula Zumkley-Münkel von der Universität Saarbrücken Mütter einen autoritären Erziehungsstil zwar generell ablehnen, mit der Alternative „höflicher Vernunftappelle" jedoch höchst unzufrieden seien. Kinder handelten eben nicht aus Einsicht. „Aus Angst, autoritär zu sein und das Kind dadurch zu einem ‚unselbstständigen' und ‚duckmäuserischen' Menschen zu erziehen, sieht ein Teil der befragten Mütter eigentlich nur die Möglichkeit (von gefährlichen Situationen einmal abgesehen), dem Kind nachzugeben. Und zwar so weitgehend, dass man schon davon sprechen kann, tyrannisiert zu werden." (Zumkley-Münkel, zitiert nach de Jong/Köster, 35)

Die Einordnung bestimmter Erziehungsstile, zum Beispiel in „autoritär", „demokratisch", „antiautoritär" oder „laissez-fair" orientiert sich vorwiegend an so genannten erzieherischen Verhaltensweisen wie „zustimmen", „anerkennen", „billigen", „loben", „belohnen", „benoten", „ablehnen", „missbilligen", „tadeln", „bestrafen". Viele Eltern haben aus Gesprächen mit anderen Eltern, aus der pädagogischen Literatur oder aus anderen Quellen aber nur vage, oft unrichtige Vorstellungen über das, was als „Erziehungsstil" bezeichnet wird. Für sie heißt das: „Setze ich mein Kind einem Zwang aus, verweigere ich ihm etwas, gebe ich dem ausdrücklichen Willen meines Kindes absolut nicht nach, bestrafe ich es gar, handele ich autoritär".

Völlig aus dem Blickfeld kommt dabei die pädagogische Zielrichtung, die Eltern für ihr Kind anstreben. Zielt ihr Verhalten darauf ab, ihr Kind konsequent zu Selbstkompetenz[11] Sozialkompetenz[12] und Sachkompetenz[13], zu erziehen, werden sie ihr Kind durch Anerkennung, Unterstützung und Anleitung erziehen, durch emotionale Wärme, Wertschätzung, Echtheit im Verhalten und Verständnis. Jedoch wird das ohne Lenkung und Konsequenz nicht gehen. **Je jünger ein Kind ist, je mehr Lenkung und Anleitung ist notwendig. Mit zunehmendem Alter und zunehmender Selbstständigkeit werden Eltern ihr lenkendes Verhalten dann zurücknehmen und dem Kind den entsprechenden Raum für Entscheidungen übertragen. Immer kön-**

[11] Zum Beispiel: Selbstständigkeit, Selbstachtung, Ich-Stärke.

[12] Zum Beispiel: Rücksichtnahme, Verantwortung, Wertschätzung gegenüber Menschen, Tieren und Sachen sowie Kooperationsfähigkeit, Kritikfähigkeit.

[13] Zum Beispiel: Erwerb von Wissen, Kenntnissen, Fertigkeiten und Problemlösungsstrategien.

nen sie im Verlauf dieses Wachstumsprozesses aber zu einschneidenden Verhaltensweisen gezwungen sein, wenn ihnen ihre oben angeführte Zielsetzung wichtig ist und sie diese nicht in Gefahr bringen wollen.

Annika *besuchte die neunte Klasse des Gymnasiums. Sie und drei weitere Freundinnen bildeten in der Klasse eine Gruppe, die sich entschieden hatte, in bestimmten Fächern lieber ihre Tagebücher zu schreiben als im Unterricht mitzuarbeiten. Die Tagebücher wurden ausschließlich im Unterricht geschrieben und dort auch untereinander ausgetauscht. Das war den Lehrern schon lange ein Dorn im Auge. Sie waren jedoch ziemlich machtlos und konnten nur über die Leistungsnoten Einfluss auf das Verhalten der Mädchen nehmen. Ein Mädchen aus der ehemaligen Vierergruppe, Annikas Freundin Britta, wurde im letzten Jahr nicht versetzt und besuchte nun zum zweiten Mal die Klasse 8 des Gymnasiums. Um Annikas Leistungen stand es gegen Ende des Schuljahres gar nicht gut. Auch ihre Versetzung war gefährdet. Die Eltern von Annika zeigten sich entsetzt. Nicht so Annika selbst. Sie hatte die Schule sowieso schon satt, einschließlich der Lehrer, durch sie sie jetzt, in der neunten, unterrichtet wurde. Annika hatte sich ausgemalt, für den Rest das Schuljahres die Leistungen ganz aufzustecken und die Klasse neun noch einmal zu besuchen, denn dann würde sie sich für die Klasse entscheiden können, in der sie wieder zusammen mit Britta, ihrer Freundin war.*

Als Annikas Eltern von diesen Plänen erfuhren, stand ihr Entschluss fest, Annika und Britta nie wieder zusammen in einer Klasse unterrichten zu lassen, denn dann war das nächste Jahr ebenfalls gefährdet. Eher würden sie ihre Tochter in einer anderen Schule anmelden als zuzulassen, dass sie erneut in die Klasse ihrer Freundin Britta käme. So teilten sie ihrer Tochter ihren Entschluss mit. Sie konnte die Klasse neun noch einmal wiederho-

len, aber auf keinen Fall zusammen mit ihrer Freundin. Annika tobte, als sie die Entschlossenheit der Eltern sah: Reden und diskutieren, stundenlang, wochenlang; schimpfen und toben. Die Eltern blieben hart. Da Annika noch nicht volljährig war, konnte sie von sich aus die Entscheidung ihrer Eltern auch nicht ersetzen. Lange ging es hin und her. Immer neue Anläufe mit Bitten und Schimpfen. Ohne Erfolg. Annika blieben nur die Alternativen: entweder setzte sie sich hin und lernte noch für den Rest des Schuljahres, um wenigstens die Versetzung in die Klasse zehn zu schaffen, oder sie blieb in der Klasse neun, aber in einer anderen Klasse als Britta. Sie konnte auch in eine andere Schule wechseln oder die Schule ganz verlassen und sich einen Ausbildungsplatz suchen. Der gemeinsame Schulbesuch zusammen mit Britta jedoch stand nicht zur Disposition. Als Annika endlich sah, dass es für sie absolut keine andere Möglichkeit gab, sorgte sie dafür, dass sie die Klasse zehn besuchen konnte. Danach gab es keine weiteren Schulschwierigkeiten mit Annika mehr.

Das Beispiel von Annika, die unbedingt in die Klasse ihrer Freundin zurück wollte, zeigt, wie konsequent Eltern manchmal sein müssen, um sich gegen den Willen ihres Kindes durchzusetzen, wenn sie davon überzeugt sind, ein Schritt des Kindes gehe in die falsche Richtung. Ganz eindeutig geschah das Handeln von Annika nicht aus Einsicht, sondern allein aus dem Bedürfnis heraus, wieder mit ihrer besten Freundin in einer Klasse vereint zu sein.

Nun könnte man auch einwenden, die Eltern hätten sich „autoritär" und nicht demokratisch verhalten. Dabei würde aber übersehen, dass durch den Begriff „autoritärer Erziehungsstil" nicht eine einzelne erzieherische Verhaltenweise gekennzeichnet wird, sondern ein erzieherisches Gesamtverhalten, ein Verhaltenssystem oder eine Verhaltensstruktur, die in allen ihren überwiegenden Formen des Einzelverhaltens durch den Charakter des Anordnens, Befehlens und der Fixierung auf den Elternwillen bestimmt ist. Das Kind hat bei autoritärem Gesamtverhalten seiner Eltern kaum eine Chance, seine eigenen Wünsche und Bedürfnisse zu realisieren.

Jedoch gibt es ebenfalls beim „demokratischen" Verhalten von Eltern Situationen, in denen Eltern klar anordnen, dem Kind eindeutige Verhaltensvorschriften machen und ihm klare Grenzen setzen. Diese einzelnen Verhaltenweisen sind jedoch nicht charakteristisch für das Gesamtverhalten, also den „Erziehungsstil" der Eltern, der geprägt ist vom Bemühen der Eltern um die Selbständigkeit und Eigenverantwortlichkeit des Kindes, wie es oben beschrieben wurde. Es gibt viele Kinder, die es ihren Eltern im Nachhinein danken, in einer bestimmten Situation auch gegen ihren eigenen Willen konsequent geblieben zu sein. Annika gehört zu ihnen.

Auf keinen Fall darf demokratisches Verhalten der Eltern gleichgesetzt werden mit so genanntem „permissivem" Elternverhalten, oft „laissez-faire", manchmal auch „antiautoritär" genannt, das gekennzeichnet ist durch ständiges Nachgeben bei Konflikten mit dem Willen ihres Kindes, wie es die Studie von Cordula Zumkley-Münkel aufgezeigt hat oder dadurch, dass Eltern ihr Kind in seinem Verhalten weitgehend unbeeinflusst lassen, von der notwendigen Körper- und Gesundheitspflege abgesehen. Dieses zuletzt gekennzeichnete Verhalten hat mit der Förderung des Kindes nichts mehr gemein. Es überlässt das Kind weitgehend zufälligen und unkontrollierbaren Einflüssen, hinterlässt beim Kind den Eindruck, den Eltern in seinen Wünschen und seinen Bemühungen weitgehend gleichgültig zu sein. Fritz Redl weist auf Grund seiner Erfahrungen in seinem Buch „Erziehung schwieriger Kinder" darauf hin, dass Kinder sogar Hass gegen ihre Erzieher entwickeln können, wenn diese sie durch ihre „allzu nachgiebige Haltung ohne Hilfe" ließen. (Redl, 37)

Mit Anerkennung und Unterstützung der Persönlichkeit des Kindes hat permissives Elternverhalten nichts gemein.

Die Anwendung von Erziehungsmitteln garantiert noch keinen Erfolg, wenn sie nicht in der richtigen Weise geschieht. Es gibt Eltern, die das Verhalten ihres Kindes weitgehend unbeeinflusst lassen. Sind sie jedoch mit dem Verhalten des Kindes nicht einverstanden, greifen sie ein und versuchen, ihr Kind an der beabsichtigen Verhaltensweise mit entsprechenden Mitteln zu hindern. Solche Mittel werden **„gegenwirkende" Erziehungsmittel** genannt, im Gegensatz zu den fördernden oder „unterstützenden" Erziehungsmitteln[14]. Zu den gegenwirkenden Mitteln zählen Ablehnen, Anordnen, Beaufsichtigen, Befehlen, Bestrafen, Drohen, Kontrollieren, Mahnen, Missbilligen, Tadeln, Zwingen. Oft beginnt der Kreislauf der Erziehung durch Gegenwirkung bereits im Säuglingsalter, sobald das Baby krabbeln kann.

Alles Erreichbare wird von ***der kleinen Sonja,*** *knapp 1 Jahr alt, in die Hand und in den Mund genommen. Einiges an Porzellan ist bereits zu Bruch gegangen. Ständig müssen die Eltern ihrem Kind etwas wegnehmen, es ermahnen („ba, ba"!) oder es in einen „Laufstall" setzen, damit Sonja kein Unheil mehr anrichten kann. Die Wohnung ist nicht für ein Kleinkind eingerichtet.*

Hier nehmen die **gegenwirkenden** Verhaltensweisen unmerklich mehr und mehr Gestalt an. Für manche Eltern werden sie zur Gewohnheit. Es entsteht ein Muster von Verhalten, welches ein Kind eher an der Entdeckung der Welt hindert, als es fördert. Fehlt es zudem noch an der Befriedigung der elementarsten Grundbedürfnisse für das Kind, kann es schnell zu Verhaltensmustern auf beiden Seiten, bei Kind und Eltern, kommen, die nicht mehr zu einer kindgemäßen Anleitung, Unterstützung und Ermu-

[14] Die Bezeichnungen „gegenwirkend" und „unterstützend" sind nur als grobe Charakterisierung der erzieherischen Absicht zu verstehen. Sie sagen noch nichts über die tatsächliche Wirkung aus, die von der Art und Weise der Anwendung abhängt!

tigung führen, sondern nur noch Raum für das Abwehren von Ansprüchen lassen.

Die zweite Weise, ein kleines Kind in seine Welt einzuführen beginnt mit **ermutigenden** und **unterstützenden** Verhaltensweisen, die das Baby und später das Kind bei seinen Versuchen, seine Welt für sich erobern, aktiv fördern. Zu diesen fördernden Verhaltensweisen gehören zum Beispiel: anerkennen, anregen, loben, belohnen, ermuntern, motivieren; Aufgaben stellen und Probleme aufzeigen; bitten, empfehlen, beraten, vormachen, vorzeigen; billigen, zustimmen und manche anderen mehr. Sicher ist es dazu notwendig, die Umgebung des Kindes so vorzubereiten, dass das Kind sich weitgehend frei bewegen kann und nicht immer eingeschränkt werden muss. Es gehört dazu aber auch eine positive, gelassene und ermunternde Grundhaltung der Eltern. Sie legen den Schwerpunkt ihrer Aufmerksamkeit darauf, sinnvolle und richtige Verhaltensweisen des Kindes positiv zu unterstützen, statt ungewünschte immer wieder zu unterbinden. **In der Erziehungspraxis sind das zwei grundlegend unterschiedliche Herangehensweisen an das Verhalten des Kindes**. Wie oben bereits geschildert wurde, werden auch diese Eltern nicht ohne gelegentliche einschränkende Verhaltensweisen auskommen können. Ein Kind, welches in einer vom Grunde her positiven Atmosphäre aufwächst, kann diese aber unbeschadet überstehen durch die Bindung an seine Eltern, seine emotionale Sicherheit, ihre Wertschätzung sowie ihr Verständnis dem Kind gegenüber. Einschränkende Verhaltensweisen haben hier nicht den Charakter der Missachtung, der Beleidigung, des mangelnden Verständnisses und der Machtausübung. Im Gegenteil, hier entwickelt ein Kind Vertrauen in seine Eltern. In der aktuellen Situation kann es durchaus auch zu harten Auseinandersetzungen kommen, zumal bei älteren Kindern. Im Beispiel von Annika war das zu erkennen. Sobald aber diese Auseinandersetzungen abgeklungen sind, gewinnt wieder das Vertrauen die Oberhand. Ein wenig Geduld müssen die Eltern nach diesen Auseinandersetzungen jedoch schon aufbringen, bis sich die Früchte ihrer positiven Grundhaltung beim Kind wieder durchgesetzt haben.

Die kleine Mascha, *3 ½ Jahre alt, malt gern mit Farbe. Die Eltern haben ihr Malstifte gekauft. Sie kann noch nicht gegenständlich malen, nimmt abwechselnd die Farbstifte und malt gerade, wie es ihr in den Sinn kommt. Häufig werden die Farben gewechselt. Das scheint Mascha besonders viel Spaß zu machen. Maschas Mutter ist Erzieherin und möchte Mascha früh fördern. Deshalb zeigt sie dem Kind immer, wie es gegenständlich malen kann. Ein Gesicht, eine Blume und was sonst für ein Kind interessant und nicht so schwer sein dürfte. Aber Mascha lehnt alle diese Versuche ab. Sie will mit Farbe malen, ob es ein Gesicht oder eine Blume wird, ist ihr offenbar nicht wichtig.*

Wer ein Kind fördern möchte, wird den größten Erfolg haben, wenn die Förderung dort beginnt, wo das Kind mit seinen Leistungen steht. Mascha war noch nicht bereit und in der Lage, Gesichter und Blumen zu malen. Stattdessen könnte die Mutter den Umgang mit Farbe langsam weiter fördern. An dieser Stelle hätte sie das Bedürfnis ihres Kindes getroffen und Mascha in die richtige Richtung gelenkt. Nun unterbrach das Mädchen ihr Malen regelmäßig, wenn sie etwas malen sollte, was sie nicht wollte.

Es geht noch nicht einmal so sehr darum, ob das Kind überfordert würde. Solange kein Zwang ausgeübt wird, wird die Bemühung der Mutter in dieser Hinsicht keinen Schaden anrichten, da Mascha sich ja mit Erfolg wehrt. Viel wichtiger ist das Erfolgserlebnis für das Kind selbst. Jeden Eingriff der Mutter in der geschilderten Weise empfindet Mascha als Störung ihrer Bemühungen. Immer wird ihre Freude am Malen mit Farben durch den Auftritt der Mutter getrübt. Zu Anfang des Buches wurde darauf hingewiesen, dass Menschen danach trachten, angenehme Erfahrungen zu wiederholen und unangenehme Erfahrungen zu vermeiden. Es kommt nun darauf an, wie sehr sich in unserem Beispiel das Kind durch seine Mutter gestört fühlt, wenn wir nach den Konsequenzen fragen.

Geschieht die Störung regelmäßig und empfindet sie das Kind als sehr störend, wird es langsam den Spaß an seiner Malerei verlieren, da zugleich mit dem Wunsch zu malen immer auch die Störung durch die Mutter im Empfinden des Kindes vorhanden ist. Im Allgemeinen kann gesagt werden: Empfindet das Kind die Störung der Mutter als das „schlimmere" Ereignis, wird ihm das Malen verleidet werden. Empfindet es den Wunsch zu malen als bedeutsamer gegenüber der Störung, wird es versuchen, Mittel und Wege zu finden, die Mutter fernzuhalten. Für die Mutter eine frustrierende Erfahrung. Akzeptiert die Mutter den Wunsch des Kindes nicht, ist ein ständiger Konflikt vorprogrammiert.

Aus dem Beispiel ergibt sich folgende Überlegung: **Förderung und Unterstützung eines Kindes sollte dort anfangen, wo das Kind mit seinen Leistungen steht und langsam weitergeführt werden entsprechend der Leistungsfähigkeit des Kindes.** Ansonsten kann die Motivation darunter leiden, und es können auch massivere Konflikte mit den Eltern und den Bezugspersonen entstehen.

***Benni** war 8 Jahre alt und ging in die dritte Klasse. Er hatte besondere Vorlieben für Sport, Kunst und Musik und in diesen Fächern auch gute Leistungen. Sprachen und andere Fächer lagen ihm nicht besonders. Die größten Probleme hatte das Kind im Fach Mathematik. Deutlich wurden diese Leistungsdifferenzen erst im Laufe der Schulzeit. In der Schule war es den Lehrern der einzelnen Unterrichtsfächer aber recht gleichgültig, ob ein Kind, in unserem Falle Benny, in Fächern, die Kolleginnen oder Kollegen unterrichteten, gute Leistungen hatte. Jeder Lehrer verlangte* *von den Kindern in seinen Fächern einen von ihren Interessen unabhängigen Standard der Leistung. So war es auch bei Benny. Benny hatte Mathematik und Deutsch bei der gleichen Lehrerin. Erst Deutsch, dann Mathematik. Zu allem Unglück war auch Bennys Vater der Auffassung, es spiele überhaupt keine Rolle, ob man sich für ein Unterrichtsfach interessiere oder nicht, Leistungen müssten erbracht werden, insbesondere in einem so wichtigen Fach wie Mathematik. Dagegen seien Sport, Kunst und Musik Nebenfächer. Er sei früher auch nicht danach gefragt worden und habe immer gut in Mathe gestanden. Benny litt darunter. Schlimm empfand er aber die beiden Fächer Deutsch und Mathe hintereinander. Oft konnte er sich nicht auf das Fach Deutsch konzentrieren, weil er an die nachfolgende Stunde mit Mathe dachte. So wurden die Leistungen im Lauf der Zeit auch im Fach Deutsch schlechter. Bennys Eltern waren sehr unzufrieden und suchten mit ihm die Schülerhilfe auf, um ihm Nachhilfeunterricht in Mathematik erteilen zu lassen.*

Besonders in der Grundschule, wenn „Lernen" gelernt und andere Qualifikationen erworben werden müssen, die weitgehend von der Motivation und vom Erfolg des Kindes abhängig sind, kann die Situation Bennys fatale Folgen haben. Seine Stärken liegen auf den Fächern Kunst, Sport und Musik. Will man bei Kindern, vor allem jüngeren, eine tragfähige Leistungsmotivation aufbauen, muss mit den Stärken des Kindes gearbeitet werden. Über sie kann es gelingen, grundsätzlich Freude am Lernen aufzubauen, denn in diesen Bereichen ist der Erfolg des Kindes am sichersten. Hier können auch am ehesten unterstützende Verhaltensweisen wie Anerkennung, Lob und Belohnung eingesetzt werden, die wiederum ihrerseits weitere Erfolge wahrscheinlich machen. Hier ist das Kind auch besonders empfänglich für weiterführende Problemstellungen (Schwierigkeitsgrade), Anregungen, Beratung.

Werden aber gerade die Fächer, in denen das Kind leistungsfähig ist und in denen die Stärken des Kindes liegen, unbeachtet gelassen oder als unwichtig gekennzeichnet, steht das Kind subjektiv vor einem Berg von Anforderungen, denen es infolge fehlender Leistungsmotivation nicht gewachsen ist. Leistungsabfall in den anderen Fächern ist die Folge.

Es kann nicht in Abrede gestellt werden, Leistungen erbringen zu müssen. Das Problem liegt im falschen Ansatz für die Förderung des Kindes. In vielen Familien und Schulen wird zu wenig Wert darauf gelegt, mit den Stärken des Kindes zu arbeiten, sie als Ansatz für die Förderung zu nehmen. Jedes Kind wird mit Stärken geboren. Sie herauszufinden und mit ihnen zu arbeiten ist die Aufgabe der Eltern und später der Schule. Das Prinzip **„mit den Stärken des Kindes arbeiten"** gilt jedoch ebenso für alle Verhaltensweisen im persönlichen Bereich wie Spielen, Laufen, Werfen, Sprachbeherrschung, Gefühle wahrnehmen und ausdrücken, Bedürfnisse formulieren, Freundschaften schließen und vieles andere mehr. Eltern haben eine große Aufgabe vor sich, wenn sie herausfinden, wo die besonderen Stärken des Kindes liegen, um mit diesen zu arbeiten. Gelingt es, haben sie eine echte Chance, mit unterstützenden Verhaltensweisen das Kind zu fördern. Gegenwirkende, hindernde, abwehrende Verhaltensweisen werden so nur noch eine untergeordnete Rolle in der Erziehung spielen.

Das Glück, eine anregungsreiche Umwelt zu haben, wie es im Fall Daniel erkennbar war, haben nicht alle Kinder. Man schaue auf die vielen Kinder, die ihre freie Zeit tagaus, tagein in einem Einkaufszentrum zubringen. Welche Erfahrungen mögen die Kids dort wohl machen?

Eine positive, anregungsreiche Umgebung ist für Eltern die beste Erziehungshilfe. Erfahrungen, die durch sie vermittelt werden, sind schwerlich anderweitig zu arrangieren. Heute fehlen vielen Kindern vor allem so genannte „Primärerfahrungen": der

Umgang mit Tieren, das Erlebnis von Finsternis, einer Nacht draußen, die Erfahrung von „Wald“, die Verantwortung für ein Feuer, das Gefühl, sich verlaufen zu haben, die Übernahme von Teil-Verantwortung für ein Kind oder einen alten und kranken Menschen und vieles andere mehr.

Viele Kinder haben den Mittelpunkt ihres Lebens in einer verödeten Wohn- und Geschäftslandschaft. Daraus erwächst eine ganz besondere Verantwortung für ihre Eltern. Sie sollten um ihrer Kinder willen versuchen, ein Stück einer anregungsreichen Umgebung den Kindern zu bewahren oder wieder neu zu schaffen. Auch wenn das oft nur begrenzt möglich ist, wird es den Kindern (und ihren Eltern) gut tun. Je nach Alter sind „Mutter-Kind-Gruppen“, Krabbelstuben, Kindergärten, Tageseinrichtungen ein Anfang. Der Besuch unterschiedlicher Spielplätze bringt ihrem Kind Abwechslung. In den meisten Fällen befinden sich Naherholungsgebiete in der Nähe des Wohnortes. Fahrradtouren mit Picknick, Bootsfahrten, Wasserspiele oder Wanderungen, Reiten und andere Sportarten sowie Ballspiele gehören zu den Dingen, bei denen Kinder Erfahrungen gesammelt haben sollten. Auch hier gilt: Mit den Stärken des Kindes arbeiten, selbst dann, wenn Eltern manchmal lieber etwas anderes machen würden, als das, was ihr Kind sich wünscht.

Vielen Eltern ist unbekannt, dass Kinder und Jugendliche durch die Anforderungen und Hilfen, denen sie in einem geeigneten Verein begegnen, in ihrer Persönlichkeit wachsen können.

Eine anregungsreiche Umwelt ist auch in der Wohnung des Kindes von Nöten. Abwechslungsreiches Spielmaterial, das alle Sinne des Kindes fordert, ist Bedingung. Begrenzter und kontrollierter Konsum von Fernsehen, Computer und Spielkonsole, um Raum und Platz für andere Aktivitäten zu schaffen. Im Übrigen können auch Fernsehen, Computer und Spielkonsole zu einer anregungsreichen Umwelt beitragen, wenn Eltern sich empfindsam einschalten und ihrem Kind dazu verhelfen. Die Einrichtung eines Kinderzimmers, sofern vorhanden, kann ebenfalls sehr zu einer anregungsreichen Umwelt beitragen. Dessen ungeachtet gehört auf keinen Fall ein Fernsehgerät in das Zimmer eines Kindes.

Mit zunehmendem Alter können Kinder Entscheidungen selbst treffen und Verantwortung übernehmen. Dieser Prozess beginnt bereits im ersten Lebensjahr für das Kind, sobald es in der Lage ist, seinen Willen zu äußern. Es sind zu diesem Zeitpunkt allerdings noch eher die Eltern, die die ersten Schritte mit ihrem Kind gehen. Das wird sich ändern, wenn das Kind älter wird und seine Wünsche deutlich äußern kann. Einige Beispiele von Entscheidungs- und Verantwortungsbereichen sollen dargelegt werden, um ein Bild der vielfältigen Möglichkeiten aufzuzeigen, in denen Eltern ihr Kind an die Übernahme von Entscheidungen und damit an eigene Verantwortung heranführen können[15]: Verantwortung für Gegenstände, Pflanzen und Tiere; Mitsprache bei familiären Entscheidungen; Verantwortung für alles, was das Kind selbst unmittelbar betrifft wie Kleidung (Auswahl, Ordnung, Sauberkeit, Reparatur, Reinigung, Bügeln), Spielwaren (Auswahl, Ordnung, Reparatur, Reinigung); Ordnung und Sauberkeit im Kinderzimmer (Betten lüften und ordnen); Mithilfe bei der Unterstützung der eigenen Familie (Abfall und Papier entsorgen, einkaufen, Müllbehälter an die Straße setzen, im Winter Schnee und Glätte beseitigen, Wäsche waschen, bügeln und sortieren); die Verantwortung für einen ganzen Arbeitsbereich oder einen ganzen Raum übernehmen (nach einer Mahlzeit die Küche aufräumen und säubern, Mahlzeiten vor- oder zubereiten, das Treppenhaus säubern, den Wohnraum aufräumen und säubern,

[15] Diese Aufzählung will nicht vollständig sein, sondern Anregungen geben. Sie ist daher auch nicht am Alter des Kindes orientiert, sondern hat den Charakter einer einfachen Zusammenstellung.

Gartenarbeiten); Einbezug in die Verantwortung für die Pflege oder den Kontakt zu einem älteren oder kranken Menschen wie Opa, Oma oder Tante, Onkel (möglich sind: Erzählen, Vorlesen, Beschreiben, Zuhören, Nahrung oder die Zeitung bringen, Hilfe beim Einkauf); Einbezug in die Urlaubsplanung der Familie; Verwaltung des Taschengeldes; Beteiligung an der Aufstellung von Regeln für den Medienkonsum (Fernseher, Computer, Spielkonsole); Auswahl und Gestaltung von Freizeitaktivitäten (Sport, Musik, Mitgliedschaft in Vereinen); verantwortliche Beteiligung bei der Regelung von innerfamiliären Konflikten; Verantwortung für die Verpflichtungen, die sich aus dem Schulbesuch ergeben. Wenn Kinder gelernt haben, etwas für die Familie beitragen zu können, „müssen sie weniger daran erinnert werden, dass man sie liebt, und weniger oft durch Geschenke überzeugt werden, dass sie in den Augen ihrer Eltern etwas wert sind".[16]

[16] Kagan, J.: Vorwort zu Herschkowitz/Herschkowitz „Klug, neugierig und fit für die Welt", S. 10.

3. Kapitel: Kinder lernen aus den Folgen ihres Verhaltens

Kinder lernen durch positive Erfahrung

Eingangs wurde davon ausgegangen, dass dem Menschen (im Übrigen auch dem Tier) in seinem Verhalten die Tendenz innewohnt, angenehme Erfahrungen zu wiederholen und unangenehme Erfahrungen zu vermeiden. Auf diese Weise versuchen wir alle, unsere Bedürfnisse zufrieden zu stellen. Welche Art der Erfahrungen wir als angenehm empfinden, kann jeder Mensch letztlich nur für sich selbst beantworten, von den allen mehr oder minder gemeinsamen Grundbedürfnissen nach Nahrung, körperlicher Unversehrtheit, Bewegung und Bewegungsfreiheit, um nur einige wenige Beispiele aufzuführen, abgesehen. Selbst diese Bedürfnisse unterliegen jedoch dem Wandel und der Beeinflussung durch Mitmenschen oder eigene Erfahrung.

Die Frage, welche Erfahrungen als angenehm und welche als unangenehm empfunden werden, ist der Schlüssel zum Verständnis dafür, welche Folgen des menschlichen Verhaltens von ihm als gewünscht oder ungewünscht, als angenehm oder unangenehm und im Bereich der Erziehung damit zugleich als Lob, Belohnung und Unterstützung oder als das Gegenteil dessen, als Strafe empfunden werden.

Diese Frage wird von Mensch zu Mensch, von Kind zu Kind sehr unterschiedlich beantwortet. Das macht es den Eltern sehr schwierig, Verhalten ihres Kindes zutreffend vorauszusagen. Es sei denn, die Eltern kennen ihr Kind sehr gut und haben aus früherer Erfahrung gelernt, wie ihr Kind auf diese oder jene Folge seines Verhaltens reagiert. In vielen Fällen gehen Eltern hier von ihren eigenen Erfahrungen aus, das erweist sich jedoch häufig als Trugschluss.

***Bernd** mag keine sauren Bonbons. Ihn kann niemand damit belohnen und unterstützen, der ihm saure Bonbons schenken möchte. Bei **Julietta** ist das anders. Sie kann man immer damit erfreuen.*

***Petra** steht gern im Mittelpunkt ihrer Klasse. Ihr macht es Freude, wenn die Lehrerin sie aufruft, damit sie etwas vor allen Mitschülerinnen und Mitschülern demonstrieren kann. **Klaus** hasst es, vor der Klasse den Mund aufzumachen. Er versucht, sich bei jeder Gelegenheit davor zu drücken. Steht er vor der Klasse, fühlt er sich gehemmt und hat Mühe, etwas Richtiges zu sagen.*

Für **Marie** war es eine ausgesprochen positive Erfahrung, eine Belohnung der Überwindung ihrer Angst, wenn sie den Hund Ascan füttern und sie ihn dadurch streicheln konnte. Einem anderen Kind hätte das vielleicht sehr wenig bedeutet.

Anerkennung, Lob und Belohnung als unterstützende Maßnahmen der Eltern und ErzieherInnen sind in der Erziehung von Kindern die wichtigsten Elemente, soll Erziehung grundsätzlich positiv gestaltet werden. Immer handelt es sich um Hilfe zur Orientierung, zur Unterstützung der Motivation, des Selbstvertrauens und der Fähigkeiten des Kindes auf dem Wege zur eigenen Selbstständigkeit und Übernahme eigener Verantwortung. In allen Fällen, kommt es jedoch darauf an, die jeweiligen Bedingungen so zu gestalten, dass das Kind Anerkennung, Lob und Belohnung auch als solche empfindet und dadurch im Aufbau positiven Sozialverhaltens und seiner weiteren Fähigkeiten tatsächlich auch unterstützt und bestärkt wird. **Von der Gestaltung dieser Lernbedingungen hängt es entscheidend ab, ob Lob, Belohnung und Ermutigung auch zu dem Ziel führen, das Eltern sich für ihre Kinder wünschen oder ob sie sich als Erziehungsfallen erweisen. Nicht immer ist das einfach, nicht immer ist das selbstverständlich.**

Nicht in allen Fällen fehlt einem Kind die Ermutigung für sozial sinnvolles Handeln. Oft fehlt es ihm an der Orientierung und der Motivation. Häufig hindern es vorhandene, in eine falsche Richtung gelenkte Motivation und frühere Lernerfahrungen daran, sozial wünschenswerte Verhaltensweisen zu zeigen. In diesen Fällen kann es erforderlich sein, mit entsprechendem Einsatz zunächst das Kind zu befähigen, umzulernen. Das heißt aber auch, sozial nicht gewünschtes Verhalten möglicherweise abzuwenden, abzuwehren, einzudämmen, in eine andere Richtung zu steuern oder zu unterbinden, damit wieder Raum und Motivation für sozial gewünschte Verhaltensweisen geschaffen werden kann.[17]

Der kleine Daniel war motiviert, die Mülltonnen an ihren Platz zurückzubringen, da er damit ausgesprochen angenehme Erfahrungen machen konnte. Marie wollte nicht aufhören, Ascan zu füttern, denn dadurch konnte sie Ascan anfassen und streicheln.

Ein Kind jedoch, dass von einem anderen geschlagen wird, wird entweder weglaufen, einen starken Partner zur Hilfe rufen oder sich selbst wehren, um die unangenehme Erfahrung des Schlagens und Schmerzes nicht mehr erdulden zu müssen. Diesen Zusammenhang können wir bei den Kindern Julia und Frank im Kindergarten beobachten:

---

[17] Diese Problematik soll aber nicht Gegenstand unserer Überlegungen sein, sondern ist an anderer Stelle behandelt worden. Vgl. Reimann 2003.

***Julia** kommt nicht gern in die Gruppe, wenn Frank auch dort ist, denn Julia wird von Frank immer beschimpft: „Du Brillenschlange“, „Scheele Printe“ u. ä. sind Schimpfwörter, die Frank ihr entgegenschleudert. Oft wird Julia von Frank auch getreten. Julia wehrt sich nicht, sondern weint und läuft dann weg. Nach den Osterferien treffen sich beide wieder in der Einrichtung. Die Eltern und die Erzieher haben Julia befähigen können, sich zu wehren, um Frank von seinen Angriffen abzuhalten. Als Frank wieder schimpft und tritt, geht Julia auf Frank zu, trommelt mit ihren Fäusten auf ihm herum und stößt ihn so fest, dass er hinfällt. Das Ganze wiederholt sich einige Male. Jetzt lässt Frank Julia unbehelligt.*

Anfangs läuft Julia vor Frank weg. Sie flieht vor dem unangenehmen Schmerz, der ihr durch das Schlagen zugeführt wird. Für Frank selbst ist das Weglaufen offenbar eine positive Erfahrung, denn er fährt weiter fort, Julia zu quälen. Das ändert sich nach den Osterferien. Jetzt plötzlich wehrt sich Julia, in dem sie mit ihren Fäusten auf ihm „herum trommelt“ und ihn dabei so fest stößt, dass er hinfällt. Wie die Erzieher und die Eltern Julia dazu gebracht haben, das neue Verhalten aufzubauen, ist durch die Erzieherin nicht berichtet worden. Sie kann von ihnen dazu angeleitet worden sein und auch sich Frank selbst als Beispiel (Vorbild) genommen haben. Offenbar hat sie aber eine wirksame Unterstützung durch Eltern und Erzieher erfahren. Frank selbst ist wohl so überrascht, dass er Julia in Ruhe lässt. Nachdem sich Julia später noch mehrere Male gegen Frank erfolgreich zur Wehr gesetzt hat, hören die Attacken Franks ganz auf.

Julia setzt sich nun erfolgreich mit ihrer Methode gegen Frank zur Wehr. So lernt sie, Frank endgültig abzuwehren. Frank selbst ist offenbar die massive Gegenwehr Julias sehr unangenehm, denn er lässt das Mädchen seitdem in Ruhe. Er flieht jetzt vor der unangenehmen Folge, die Julias Fäuste für ihn mit sich bringen. Beide Kinder haben durch gegenwirkende Maßnahmen gelernt, den Attacken des anderen nicht mehr ausgesetzt zu sein. Das Schimpfen und Treten Franks hat aufgehört. Doch das Problem ist damit noch nicht behoben. Denn beide Kinder haben damit noch nicht gelernt, wie sie friedlich miteinander umgehen können. Hier wartet noch eine Menge erzieherischer Arbeit auf Eltern und Erzieherinnen. Diese, von allen sicher gewünschten positiven Umgangsformen der Kinder untereinander können nur durch Vorbilder, Anerkennung, Lob und Belohnung aller auch nur im Ansatz gezeigten positiven Verhaltensweisen der Kinder gefördert und aufgebaut werden.

Aus diesen Überlegungen ergibt sich eine wichtige Schlussfolgerung für unsere Frage nach der Bedeutung von Anerkennung, Lob und Belohnung für die Erziehung von Kindern: Anerkennung, Lob und Belohnung sind die wichtigsten Elemente in der Erziehung, mit deren Hilfe Verhalten bei Kindern durch Eltern und Erzieher unterstützt, das heißt gefestigt oder gar neu aufgebaut werden können.

Andererseits sind unangenehme Folgen einer Handlung (so auch Strafen, wenn sie tatsächlich als unangenehm empfunden werden), nicht geeignet zur Festigung und zum Aufbau positiver Verhaltensweisen, da sie gegenwirkenden Charakter haben und daher eher die Tendenz unterstützen, Verhalten zu unterlassen[18].

Eine weitere Beobachtung lässt sich aus dem Verhalten von Frank und Julia gewinnen: Verhalten eines Menschen ist immer bezogen auf das Verhalten anderer. Verhalten ist ein Prozess sich wechselseitig bedingender Einflüsse der Interaktionspartner, in unserem Bei-

[18] Gegenwirkende Maßnahmen wie Strafen sind in der Erziehung nicht bedeutungs- oder gegenstandlos. Mit dieser Frage setzt sich mein Buch „Wenn Kinder immer machen, was sie wollen – Ganz ohne Strafen geht es nicht.“ Herder spektrum, Freiburg 2003, ausführlich auseinander.

spiel Julia und Frank oder Frank und Julia. Weil Julia sich nach den Attacken Franks zurückzieht und das von Frank als Erfolg seines Verhaltens empfunden wird, ändert Frank sein Verhalten nicht. Frank greift Julia an, weil sie sich in einer bestimmten Weise verhält, die Frank dazu bringt, sie zu quälen. Diese Faktoren liegen allerdings nicht in Julia allein begründet. Wenn Frank andere Bedürfnisse verspüren würde oder auch andere Erfahrungen hätte machen können, würde er vielleicht lieber mit Julia spielen als sie anzugreifen. Das Ganze hat also mit „Schuld" einer bestimmten Person nichts zu tun, sondern verdeutlicht den wechselseitigen Prozess der Beeinflussung des Verhaltens. Gleichgültig, wie Julia sich auch verhält, nichts gibt Frank die Befugnis, Julia zu misshandeln. Als Julia sich jedoch wehrt, ändert Frank sein Verhalten und gibt die Quälereien auf.

Lernen hat mit unserer biologischen Ausstattung zu tun – und diese zeigt uns ein wenig den richtigen Weg

Der wechselseitige Prozess der Verhaltensbeeinflussung ist nicht nur bei nicht gewünschtem, negativem Verhalten festzustellen. Er ist vor allem bei positivem, gewünschtem Verhalten zu beobachten, ja bereits in frühestem Alter eines Säuglings. So besteht der Kontakt zwischen Mutter und Säugling aus einem „abwechselnden hin- und zurückwandernden, also kreisförmigen Austausch von Signalen", wie es der Psychotherapeut Joachim Bauer beschreibt (Bauer, 83). „Das Gehirn besitzt Nervenzell-Netzwerke, die darauf spezialisiert sind, bei anderen Menschen wahrgenommene Signale so abzuspeichern, dass sie selbst nacherlebt und reproduziert werden können." (ebd., 83 f)

Mimik, Gestik und Laute der Mutter versucht der Säugling zu imitieren. Er erhält durch die Mutter, ebenfalls mit Hilfe von Lauten, Mimik und Gestik eine Rückmeldung, die beim Kind im Laufe der Zeit einen bestimmten Erfahrungshintergrund ausbildet.

Für das Kind wird die Erfahrung mit einer bestimmten „Wertung“ „gekoppelt“, die aus seiner Sicht als „angenehm“ oder „unangenehm“ beschrieben werden kann, also eine Bedeutung für den Säugling gewinnt. Diese Bedeutung für den Säugling erhält die Erfahrung aber erst aus der Reaktion der Mutter auf die Signale des Kindes. Gelungene Bedürfnisbefriedigung (im weitesten Sinne) signalisiert „gelungene“ Kommunikation, misslungene Bedürfnisbefriedigung signalisiert „misslungene“ Kommunikation. Eine positive, enge, „sichere“ Mutter-Kind-Bindung setzt immer eine gelungene Kommunikation voraus. Im Gegenteil dazu führt eine gestörte Kommunikation zu unsicherer, ambivalenter[19] Bindung zwischen Mutter und Kind. Eine misslungene Kommunikation führt zu schweren Schäden der kindlichen Persönlichkeit. Bereits im ersten Säuglingsjahr lassen sich bei manchen Kindern schon bedeutsame Entwicklungsverzögerungen und Störungen der Bindungsbeziehung zwischen Mutter und Kind erkennen.

Die frühen Erfahrungen des Kindes sind aber, wie auch seine späteren Erfahrungen, nicht flüchtiger Natur. Sie hinterlassen Spuren oder „Repräsentationen“, das sind Veränderungen in den Netzwerken der Nervenbahnen, im Gehirn. Sie werden gewissermaßen im Gehirn „gespeichert“.

Unser Gehirn besitzt unterschiedliche Nervenzell-Netzwerke für angenehme Erfahrungen (Lob, Belohnung) und unangenehme Erfahrungen (Schmerz, Bestrafung). Diese Systeme sind völlig unterschiedlich.

Die Frage, wozu es im Menschen solche Systeme gibt, führt uns zu einigen wichtigen Erkenntnissen für unsere erzieherischen Fragen. Wird ein Ereignis oder eine Verhaltensweise mit einer positiven, gefühlsmäßig angenehm bewerteten Erfahrung oder einer

---

19 „ambivalent“ = in sich widersprüchlich, hin- und hergerissen.

negativen, also unangenehm bewerteten Erfahrung gekoppelt, wird ein Lernprozess in Gang gesetzt, der dieses Ereignis oder diese Verhaltensweise mit einer entsprechenden „Belohnung“ oder „Bestrafung“ in Verbindung bringt. Die Zusammenhänge werden „gelernt“. Dagegen kann sich der Mensch zunächst einmal nicht wehren, denn diese Lernprozesse laufen weitgehend autonom und unbewusst ab, sind deshalb auch grundsätzlich wenig über den Verstand zu kontrollieren. Lernen ist also weit mehr ein Prozess, der über menschliche Gefühle gesteuert wird, als über das Denken, auch wenn uns manche Politiker und Pädagogen in der Folge der „PISA“ – Studie gern etwas anderes erzählen möchten.

Für unsere Existenz haben diese beiden Systeme lebenswichtige Bedeutung: So können Erfahrungen, die als unangenehm und für den Organismus als schädlich erkannt wurden, zukünftig vermieden, Erfahrungen hingegen, die sich als positiv und nützlich erwiesen haben, wiederholt und für die weitere Existenz genutzt werden.

Aus diesem Sachverhalt ergibt sich aber auch die Erkenntnis, dass die Lernerfahrungen für den Menschen einen Vorhersagewert besitzen. Jede weitere Erfahrung des Menschen, in unserem Falle also auch die eines Kindes, wird mit den bereits „gespeicherten“ Erfahrungen verglichen und bewertet.

Stellen Sie sich nun bitte eine Familie vor, in der ein Kind in bestimmten, oder schlimmer, für das Kind unbestimmbaren Situationen häufiger als Reaktion der Eltern auf sein Verhalten geschlagen wird. Diese Erfahrung prägt danach das zukünftige Verhalten des Kindes, denn jede nachfolgende Situation wird „automatisch“ mit den früheren Erfahrungen verglichen. „In der oder jener Situation werde ich wieder geschlagen“ – also stellt sich das Kind, ohne dass das befürchtete Ereignis bereits eingetreten ist, auf die erwarteten Schläge ein. Eine entsetzliche Folge, denn für alternative Verhaltensweisen, die Lob oder Belohnung in der Folge haben könnten, ist kaum Platz im Erfahrungshorizont des Kindes.

Mit der Erzeugung als angenehm empfundener Zustände sind Lernvorgänge besonders deutlich festzustellen. Zu solchen angenehmen Empfindungen können Lob, Belohnung, aber auch Schokolade und Musik zählen. Aktiviert werden diese angenehmen Empfindungen, wie bereits erwähnt, in einer eigenen Hirnregion, dem so genannten „Belohnungszentrum". In diesem Zentrum werden unter bestimmten Bedingungen Botenstoffe freigesetzt, die dem Menschen ein angenehmes Gefühl vermitteln. Bekannt sind diese Empfindungen durch Einnahme psychotroper Substanzen wie Drogen, Alkohol oder bei einer Erfolgserfahrung wie der Teilnahme an einem Marathonlauf. Es geht aber auch weniger spektakulär. Das Belohnungszentrum setzt auch bei Lob, Belohnung, dem Hören von Musik und Essen eines Stückes Schokolade, um nur ein paar Beispiele aufzugreifen, diese Botenstoffe frei und kann zu einer besseren Klarheit des Denkens führen. Der Arzt und Neurowissenschaftler Manfred Spitzer erklärt die besonderen Lerneffekte bei Lob und Belohnung vereinfacht so: Die Freisetzung bestimmter Botenstoffe stellt subjektiv einen Belohnungseffekt für den Organismus dar und hat für das Lernen eine Funktion in der Art eines „Türöffners". Jenes Ereignis, das zu einem unerwartet guten Resultat geführt hat, wird weiterverarbeitet und mit höherer Wahrscheinlichkeit abgespeichert (Spitzer, 180 f). Spitzer betont aber, dass das Dopaminsystem nur bei Resultaten „anspringe", die besser als erwartet ausfielen und nicht an Bestrafung beteiligt, sondern nur für Belohnung zuständig sei. „Gelernt wird immer dann, wenn positive Erfahrungen gemacht werden". Es müsse aber klar sein, „dass für den Menschen die positive Erfahrung schlechthin in positiven Sozialkontakten besteht ... Menschliches Lernen vollzieht sich immer schon in der Gemeinschaft, und gemeinschaftliche Aktivitäten bzw. gemeinschaftliches Handeln ist wahrscheinlich der bedeutsamste ‚Verstärker'."(S. 181)

Nicht nur für den Lernvorgang selbst, sondern auch für die Bereitschaft, Neues zu Lernen, also für Neugierverhalten spielt das Belohnungssystem eine wichtige Rolle. Es ist der „Vorhersagewert von Belohnung" (Spitzer, 182), der, mit einer bestimmten Handlung oder Erfahrung verbunden, für das Lernen entscheidend ist.

Positive Umweltsituationen fördern das Nervenzellwachstum, und das besonders in der Zeit der frühen Entwicklung des Kindes. In der Säuglingszeit ist der Anteil der „Verschaltungen" zwischen einzelnen Nervenzellen (Synapsen) besonders hoch. Alle werden sie nicht ständig „benutzt", „aktiviert", wie man sagt. Viele der nicht aktivierten Verbindungen gehen im Laufe der Zeit zu Grunde. Alle regelmäßig aktivierten Synapsen stabilisieren sich und bilden die Grundlage für das weitere Wachstum des kindlichen Gehirns. Frühe positive soziale Erfahrungen sind also die Grundlage für die Zukunft des jungen Menschen.

Auf einen weiteren bedeutsamen Zusammenhang, der schon einmal erwähnt wurde, soll um des besseren Verständnisses wegen hier noch einmal verwiesen werden.

Man weiß heute, dass das Gehirn ein Leben lang in der Lage ist zu wachsen und sich geänderten Situationen anzupassen. Es ist also auch beim Erwachsenen mit ständigen Veränderungsprozessen aktiv[20]. Auch diese Veränderungsprozesse sind Anpassung an die jeweiligen Umweltgegebenheiten und bringen Veränderungen in den Nervenzellnetzwerken mit sich. Ähnlich wie bei den Erfahrungen, die Kinder machen, bewerten Eltern eine neue Situation auf der Basis ihrer individuellen Vorerfahrung.

Stellen Sie sich bitte auch hier eine Familiensituation vor, in der Eltern gewohnt sind, ihre Kinder häufiger zu schlagen, weil sie die

---

20 Wer sich kurz, aber instruktiv über die lebenslange Entwicklung des Gehirns informieren möchte, dem sei das Buch von Norbert Herschkowitz „Das vernetzte Gehirn – Seine lebenslange Entwicklung", Hans Huber, Bern, 2.Aufl. 2002 empfohlen.

Situation entsprechend einschätzen: „Dem Kind kannst du nur mit einer Tracht Prügel beikommen". Die vorausschauende Bewertung einer zukünftigen Situation wird durch die Erwartung, das Verhalten des Kindes werde „natürlich" wieder eine „Tracht Prügel" notwendig machen, geprägt sein. Wir hatten beim Kind eine ähnliche vorausschauende Erwartung angenommen. Nun entsteht ein fataler Kreislauf, der weder dem Kind noch den Eltern große Chancen lässt, auszubrechen und sich anders zu verhalten. Wir sprechen hier vom Kreislauf der „sich selbst erfüllenden Prophezeiung". Die Erwartung der Eltern „Es wird wieder nicht ohne Strafe gehen!" lässt sie ihr Verhalten so einrichten, dass ihr Kind kaum eine andere Chance hat, als wiederum Strafe zu provozieren. Selbst wenn das Kind diesen, unterschwellig wirksamen Erwartungen standhält, sind auf Seiten der Eltern doch oft Wahrnehmungsverzerrungen festzustellen, die nicht zuletzt deshalb Strafe trotz allem aus ihrer Sicht notwendig erscheinen lassen.

Diesen fatalen Kreislauf der sich selbst erfüllenden Prophezeiung konnten wir auch im Fall der kleinen Susanne, die zur früh zur Welt kam, erkennen. Hier war allerdings nicht die Strafe das Problem, sondern die Überbehütung durch die Mutter. Obwohl Susanne mittlerweile ein kräftiges Mädchen war, wurde sie unselbstständig und fühlte sich auf Hilfe angewiesen, weil die Mutter ihr aus der Sorge um das Kind heraus den Raum für selbstständiges Handeln stark einschränkte.

Das Gehirn hört nicht auf zu lernen, auch bei Erwachsenen nicht. Daher gibt es Hoffnung, aus diesem Kreislauf auszubrechen, wenn Eltern sich dieser Gefahr, in einen solchen Kreislauf zu geraten, bewusst werden und zusammen mit ihrem Kind neue Verhaltensweisen trainieren. In vielen Fällen wird das nicht ohne fremde Hilfe gehen, wie es im Falle der Mütter des kleinen Dennis und der kleinen Susanne mit positiven Ergebnissen geschildert werden konnte.

Nun kennen wir glücklicherweise auch die umgekehrte Situation, in der die positive Erziehung sich eben diesen Kreislauf zu Nutze machen kann.

Maries Eltern und die befreundete Familie wehrten Maries Wünsche, Ascan zu streicheln und zu füttern nicht ab, sondern unterstützten das Kind aus dem Vertrauen heraus, sie würden es schaffen, das gewünschte positive Verhältnis zu Ascan herzustellen. Auch Daniels Eltern schränkten den Bewegungs- und Beschäftigungsdrang des Kindes nicht ein, sondern unterstützten den Jungen in seinen Aktivitäten. Beide Familien mit ihren Kindern wurden belohnt. Mit jedem kleinen Erfolg wuchs das Vertrauen in die Kinder und in die zu bewältigende zukünftige Situation, da in den allermeisten Fällen die zurückliegenden positiven Erfahrungen die Bewertung jeder neu zu erwartenden Situation in einem positiven Licht erscheinen ließen. So prägen sich positive Erwartungen auch auf Zukunft ein, die eine Erziehung in einer emotional warmen Atmosphäre ohne Angst und Stress ermöglichten.

Positive Sozialkontakte aber sind, so sagt Manfred Spitzer, der bedeutsamste Verstärker und die beste Voraussetzung für zukünftige positive Lernerfahrungen. Positive Sozialkontakte fördern die Bindung zwischen Kind und Bezugspersonen. Die positiven Folgen wurden bereits erwähnt: **Emotional sicher gebundene Kinder kennen weniger Feindseligkeit, weniger Aggressivität, weniger innere Unruhe und haben weniger unter inneren Spannungen zu leiden. Sie können sich offen ihren Eltern zuwenden und enge Freundschaften schließen. Ihre innere Ausgeglichenheit hilft ihnen, auch neue Situationen zu bewältigen, denn ihre geringeren allgemeinen Ängste lassen ihnen einen großen Spielraum für ihre Neugier, die durch ihre Eltern unterstützt wird und ihnen hilft, sich ihre Welt zu erschließen.** Marie und Daniel konnten das.

4. Kapitel: Lob und Belohnung als Erziehungsmittel

Das Problem der Auswahl von Erziehungsmitteln

Die grobe Kennzeichnung in „positive“ und „negative“ Erziehungsmittel kann in der Erziehungspraxis fatale Folgen haben. Sie erweckt den Anschein, Eltern könnten, wie aus einem Lebensmittelschrank die Lebensmittel zum Backen oder Kochen, zahlreiche Mittel greifen, die bei der Anwendung unhinterfragt in einer bestimmten Weise bei der Erziehung wirksam sind. Positiven Mitteln werden positive Auswirkungen und negativen Mitteln negative Auswirkungen unterstellt.

Lassen wir uns von einer anderen Überlegung leiten: Wenn es möglich ist, Erziehungsmittel einzusetzen, um ein bestimmtes Erziehungsziel zu erreichen, dann kann das auch immer in ganz unterschiedlicher Art und Weise geschehen.

Zu der Erklärung des Zusammenhanges mag eine kurze Überlegung aus einem anderen Bereich dienen. Ein Auto ist ein Mittel, mit dem ich bestimmte Zwecke oder Ziele erreichen kann. Nennen wir es ein Verkehrsmittel. Als Verkehrsmittel ist es im Allgemeinen nützlich, sofern ich dieses Auto in sinnvoller und angemessener Weise einsetze. Der unangemessene Umgang mit dem an sich nützlichen Mittel Auto hat bereits vielen Menschen das Leben gekostet und führt nicht zu dem Ziel, das eigentlich mit dem Auto erreicht werden soll. Anders ausgedrückt: Ich kann nicht erwarten, mein Ziel mit dem Auto zu erreichen, wenn ich mit ihm unangemessen umgehe. Das Erreichen eines (Fahrt)Zieles oder das Nicht-Erreichen eines (Fahrt)Zieles wird niemand dem Auto an sich zuschreiben, sondern der Umgangsweise des Fahrers mit ihm.

Ganz ähnlich verhält es sich mit den Erziehungsmitteln: Ich kann Erziehungsmittel sinnvoll und angemessen, aber auch nicht sinnvoll und unangemessen einsetzen. Das gilt grundsätzlich für alle Erziehungsmittel, sowohl für solche, das Verhalten unterstützende (Lob, Belohnung, Ermutigung) wie auch für gegenwirkende (solche Mittel, die dem Bereich der Strafe zuzurechnen sind).

Eltern können Lob so einsetzen, dass dadurch ihr Erziehungsziel erreicht wird. Stellen Sie sich jedoch vor, Eltern würden ihr Kind immerzu bei jeder Gelegenheit loben, belohnen und ermutigen – schnell würden sich die an sich brauchbaren Mittel in das Gegenteil verkehren. Sie würden unbrauchbar und richteten möglicherweise erheblichen Schaden an.

Das gleiche Prinzip gilt für die Strafe als Erziehungsmittel: Sinnvoll und angemessen angewendet, kann Strafe ein brauchbares Erziehungsmittel sein[21]. Unangemessen und unsinnig angewendet, ist mit Strafe nicht das Ziel zu erreichen, das Eltern erreichen möchten. Eher werden durch ihre Anwendung in diesem Falle schreckliche Schäden angerichtet, wie unzählige Beispiele aus der Erziehungsgeschichte zeigen.

Nach dieser Überlegung ergibt sich die Schlussfolgerung, dass es nicht die Erziehungsmittel als solche sind, durch die über den Erfolg oder Misserfolg einer Maßnahme entschieden wird, und die bestimmen, ob Erziehung positiv verläuft oder nicht, sondern einzig die Art und Weise, wie ein Erziehungsmittel angewendet wird. Aus diesem Grund ist es äußerst problematisch, von positiven und negativen Erziehungsmitteln zu sprechen. Lob, Beloh-

---

21 Siehe die Anmerkung 18.

nung und Ermutigung als so genannte unterstützende sowie alle zur Gruppe der Strafen gehörende Erziehungsmittel als so genannte gegenwirkende Mittel können bei falscher Anwendung schnell zu Misserfolgen in der Erziehung führen. Beide Gruppen bieten jedoch bei sachgemäßem, sinnvollem Umgang die Chance, Erziehung positiv und erfolgreich zu gestalten.

Aus diesem Grund soll die Frage der sinnvollen Anwendung von Erziehungsmitteln oder Erziehungsmaßnahmen im Vordergrund der nachfolgenden Erörterungen stehen.

Gesichtspunkte zur Auswahl der Erziehungsmittel

Als die Mutter ***Kevin*** *(5 Jahre) aus dem Kindergarten abholte, gab die Erzieherin ihr zwei Hälften eines Bildes mit, das Kevin bei einer Malaktion der Kinder gemalt hatte. Kevin selbst wollte seiner Mutter keine Erklärung zu dem zerrissenen Bild abgeben. Von der Erzieherin erfuhr sie dann auf Nachfrage, dass ihr Sohn schon des Öfteren sein Bild zerrissen habe, nachdem eine Erzieherin sich das Bild angesehen und das Bild auch als „sehr schön" charakterisiert hätte. Kevin selbst sagte zunächst nichts anders, als: „Das Bild ist Mist." Zu weiteren Äußerungen war er nicht zu bewegen. Daheim beim Mittagstisch wollte es seine Mutter genauer wissen. „Warum zerreißt du ein Bild von dir, wenn die Erzieherin es schön findet?" Kevin darauf: „Ich hab extra nur Krickel-Krackel gemalt." „Ja und?" „Die Erzieherinnen sagen zu allen Bildern „schön". Ich kann den größten Mist malen. Dann sagen die immer noch: ‚Das hast du aber schön gemalt.' Die wissen gar nicht, dass ich viel schönere Bilder malen kann". „Und warum strengst du dich dann nicht ein bisschen an, damit du selbst dein Bild schön finden kannst?" „Ich brauch' mich überhaupt nicht anzustrengen. Die finden alles schön. Die Denise, die kann überhaupt nicht malen. Auch zu der sagen sie immer*

‚Schön hast du das gemacht‘. Als ob ich nicht besser malen könnte als die Denise. Die Erzieherinnen sind doof, die haben keine Ahnung. Meine Bilder sind denen aber auch schnurzegal. Da kann ich besser Krickel-Krackel abgeben. Wenn ich mit dem Papa oder mit dir male, sagt ihr immer: ‚Da fehlt noch etwas,‘ oder: ‚Der Baum ist dir aber gut gelungen. Und wenn ich mal Mist male, dann sagt ihr auch, dass ich das besser kann und dass das Bild aber heute Mist ist. Das finde ich viel besser.“ „Malst du im Kindergarten denn nur für die Erzieherinnen und nicht für dich?“ „Im Kindergarten hab’ ich keine Lust zu malen.“

Erziehungsmittel können nach unterschiedlichen Gesichtspunkten ausgewählt werden. In vielen Fällen wählen Eltern, oder hier die Erzieherin im Kindergarten, sie nach dem Zufallsprinzip aus. Es ist häufig das Mittel, das ihnen gerade greifbar ist oder ihnen gerade in den Sinn kommt. Bei dieser Art der Auswahl darf es nicht verwundern, wenn das Ergebnis nicht ihren Wünschen entspricht und zu weiteren ungewünschten Folgen führt. Bei unterstützenden Erziehungsmitteln zählt das verbale Lob zwar zu den Favoriten, ist aber, wie oben im Beispiel Kevins, nicht immer brauchbar. Soll ein Lob auch auf das Kind wie ein Lob wirken, muss es dem Kind und der Situation angemessen sein. Ja, möchten Eltern ein Kind in einer Situation besonders unterstützen oder aufmuntern, hat uns Manfred Spitzer einen wichtigen Hinweis dazu gegeben: „Jenes Ereignis“ sagt er, „welches zu einem unerwartet guten Resultat geführt hat, wird weiterverarbeitet und mit höherer Wahrscheinlichkeit abgespeichert“ (Spitzer, 180 f). Ein anderes Kind, das, wie Denise, noch nicht so fix im Malen von Bildern ist wie offenbar Kevin, mag das Lob der Erzieherin tatsächlich positiv aufnehmen. Vor allem dann, wenn Denise zu Hause kein Lob für ihre gemalten Bilder erwarten kann. Auf Kevin wirkt es eher wie eine Bestrafung, weil er sein Können durch die Erzieherinnen tatsächlich nicht angemessen beachtet findet.

Bei den gegenwirkenden Mitteln sind für viele Eltern die Favoriten bei der Auswahl Tadel, Drohung, viele Arten von Strafen, insbesondere der „Klaps“ und die „Ohrfeige“. Sie sind schnell zur Hand und versprechen eine gewisse Wirksamkeit.

Andere Eltern wählen Erziehungsmittel nach ethischen Gesichtspunkten aus. Lob folgt eher als Belohnung und wenn es Belohnung sein soll, dann eher soziale (Lob, Anerkennung, gemeinsame Unternehmungen) und psychische Formen (Zuwendung, Körperkontakt [Kuss], in den Arm nehmen, gemeinsames Spiel, Vorlesen etc.) als materielle Belohnung. Die Sorge geht um, das Kind könne durch materielle Belohnung zu sehr auf materielle Güter fixiert werden. Bei der materiellen Belohnung werden eher nützliche Materialien (Malstifte, Spielzeug) vor weniger nützlichen, wie Musik-CDs oder Videofilmen und diese wiederum vor Süßigkeiten und Geld bevorzugt für sinnvoll gehalten.

Anerkennung, Lob und Belohnung dürfen jedoch in der Erziehung nicht länger mehr nur ethische Instrumente sein. Vielmehr sollten sie als Maßnahmen dienen, mit deren Hilfe zwar ethisches und moralisches Verhalten gefördert werden kann, die aber primär dazu beizutragen im Stande sind, Kinder zu fördern, damit sie in die Lage versetzt werden, ein menschenwürdiges und selbstbestimmtes Leben zu führen.

So müssen Erziehungsmittel unter einem ganz anderen Gesichtpunkt ausgewählt werden als unter pragmatischem, zufälligem oder ethischem, nämlich unter dem **Gesichtspunkt ihrer Wirksamkeit** bei einem **bestimmten Kind** in einer **bestimmten Situation**, unter **bestimmten begleitenden Umständen**. Außerdem sind sie **immer, ohne Ausnahme,** an dem **Erziehungsziel zu orientieren**, das mit ihrer Hilfe erreicht werden soll.

Wenn wir uns bei der Anwendung von Erziehungsmitteln an ihrer Wirksamkeit orientieren, verschieben sich allerdings möglicherweise die Schwerpunkte. So könnte bei einem bestimmten Kind und/oder in einer bestimmten Situation zum Beispiel die Belohnung mit materiellen Gütern, Süßigkeiten, Spielzeug, Nahrung, Kleidung, Geld etc. wichtiger werden als es den Eltern bislang lieb war. Haben für dieses Kind Lob oder soziale und emotionale Belohnung, wie zum Beispiel vorlesen, gemeinsam spielen oder arbeiten, den gleichen, oder einen höheren Stellenwert, sind diese den materiellen Belohnungen eindeutig vorzuziehen. Aber häufig bleibt in der Praxis des Alltags nicht so viel Raum, die Auswahl den eigenen Wünschen gemäß vorzunehmen.

Daher wird im weiteren Verlauf der Erörterungen besonderer Wert darauf gelegt werden, Ihnen, den Eltern und ErzieherInnen, Möglichkeiten aufzuzeigen, wie auch mit materiellen Belohnungen gearbeitet werden kann, ohne dass am Ende des Prozesses ein nur auf materielle Belohnung begieriges Kind dastehen muss.

Angenehme Erfahrungen suchen und unangenehme Erfahrungen meiden hat mit den Bedürfnissen des Menschen zu tun. Von Lob kann aber nur gesprochen werden, wenn es auf ein Bedürfnis des Kindes trifft. Ebensolches gilt für die Belohnung. Nur das wird als Lob und Belohnung empfunden, was den Bedürfnissen des Menschen entspricht. Es hat, aus dieser Perspektive betrachtet, wenig Sinn, eine Belohnung zu vergeben, wenn diese vom Kind nicht auch als Belohnung empfunden wird. Dieser Grundsatz gilt auch für Strafen. Eine Strafe muss ebenfalls wirksam sein, soll durch sie das Ziel erreicht werden, um dessentwillen die Strafe angewendet wird. Wir werden noch sehen, dass alles andere keinen Sinn ergibt. Ja es gibt Situationen, in denen schlagen Lob oder Belohnung, die ja dem Kind eine angenehme Erfahrung vermitteln sollen, in eine unangenehme Erfahrung um und verderben den ursprünglich gewünschten positiven Charakter der Maßnahme. Familie Meyer war dazu ein Beispiel.

Da Lob, Belohnung einerseits und Strafe andererseits zwei Seiten derselben Medaille sind, gilt das zuletzt Gesagte im umgekehrten Sinne ebenfalls für die Strafe. Eine unangenehme Erfahrung, die dem Kind durch Strafe vermittelt werden soll, kann unverhofft in eine angenehme Erfahrung umschlagen, wenn die entsprechende Wirksamkeit der Strafe fehlt.

Hier, unter dem Gesichtpunkt der Auswahl von Erziehungsmitteln, sei daher festgehalten, dass der Hauptgesichtspunkt, unter dem Erziehungsmittel ausgewählt werden müssen, ihre Wirksamkeit ist. Diese hängt wiederum ab von einem bestimmten Kind in einer bestimmten Situation unter bestimmten begleitenden Umständen. Nur bei Berücksichtigung dieser Fakten können Eltern oder ErzieherInnen die Chance nutzen, ihr gesetztes Ziel zu erreichen.

Sind Maßnahmen mit einer angenehmen Wirkung auf das Kind verbunden, haben sie den unterstützenden Charakter von Anerkennung, Lob oder Belohnung. Sind sie mit einer unangenehmen Erfahrung für das Kind verbunden, erscheinen sie in dem Gewand gegenwirkender Maßnahmen, die den Charakter der Strafe haben[22]:

---

[22] Hier wird, entsprechend meinen Ausführungen in dem Band „Wenn Kinder immer machen, was sie wollen-Ganz ohne Strafen geht es nicht“ ein bestimmter, weit gefasster Begriff von Strafe zu Grunde gelegt: Strafe ist jede „von einem Kind als unangenehm empfundene Folge oder Konsequenz auf sein Verhalten, die ihm durch andere Personen, zumeist den Eltern oder Erziehern, zugefügt, von ihnen zugelassen wird oder sich aus dem Verhalten des Kindes in der Situation ergibt. Sie veranlasst das Kind dazu zu versuchen, dieser Folge entgegenzuwirken, ihr auszuweichen oder sie mit anderen Mitteln zu unterbinden, um sie nicht oder nicht mehr in diesem Umfang erfahren zu müssen. Strafe als Erziehungsmittel steht im Einklang mit dem jeweiligen Erziehungsziel, für das sich Eltern und Erzieher entschieden haben.“ Reimann ebd., S. 73.

Daher sollen hier die Begriffe Anerkennung / Lob / Belohnung und Ermutigung verwendet werden für jede von einem Kind als angenehm empfundene Folge oder Konsequenz auf sein Verhalten, die ihm durch andere Personen, zumeist den Eltern oder ErzieherInnen, zugefügt, von ihnen zugelassen wird oder sich aus dem Verhalten des Kindes in der Situation ergibt. Sie veranlasst das Kind dazu zu versuchen, diese Erfahrung zu wiederholen, unterstützt und festigt im günstigen Fall dadurch das gezeigte Verhalten des Kindes oder die Bereitschaft zu einem solchen Verhalten. Lob ist eine verbale Form der Belohnung. Anerkennung, Lob und Belohnung können auch durch Mimik oder Gestik, also körperlichem Ausdruckverhalten ausgedrückt werden. Das geschieht oft ganz unbewusst und zeigt deutlich die Notwendigkeit auf, sich der Wirkung der angewendeten Maßnahmen stets bewusst zu sein.

Auch die Beendigung oder das Ausbleiben einer erwarteten unangenehmen Konsequenz oder einer unangenehmen Erfahrung kann vom Kind als Anerkennung, Lob, Belohnung oder Ermutigung empfunden werden.

***Marcus** will seine Mittagsmahlzeit nicht aufessen. Er kaut schon seit geraumer Zeit auf einem Stückchen Fleisch herum. Seine Mutter wird langsam ärgerlich. Mehrfach hat sie ihm bereits in gereiztem Ton gesagt, er solle seinen Teller endlich leeren. Sie möchte abräumen und die Küche säubern, da sie zusammen noch einkaufen wollen. Marcus kaut weiter. „Wer seinen Teller nicht leer isst, erhält keinen Nachtisch!" sagt nun die Mutter. Sie steht auf und verlässt den Tisch, um Arbeiten in einem anderen Raum zu verrichten. Immer noch schimpft sie, wenn sie in die Küche kommt, über das Verhalten von Marcus. Auf dem Teller des Jungen liegen weiterhin ein Stück Fleisch, Kartoffeln und Gemüse. Marcus selbst war das Schimpfen seiner Mutter sowie das lange Sitzen vor dem Mittagstisch längst leid. „Ich will nicht* *mehr essen, du bist ja auch schon aufgestanden", sagt Marcus zu seiner Mutter. Diese ist des Klagens müde und antwortet ihm, in dem sie Marcus den Teller fortnimmt: „Dann iss jetzt wenigstens zügig deinen Nachtisch auf, damit wir endlich einkaufen können." Freudig nimmt das Kind den Nachtisch und verzehrt ihn. „So, dann lass uns jetzt schnell einkaufen!" sagt die Mutter zu Marcus in einem erleichterten und freundlichen Ton.*

Hier werden die Anstrengungen des Kindes, den Teller nicht leeren zu müssen, von seiner Mutter mehrfach, vermutlich unbewusst, belohnt. Das Tadeln der Mutter hört endlich auf. Die Mutter spricht wieder in einem liebevollen Ton mit ihm. Marcus erhält den Nachtisch, obwohl die Mutter das vorher ablehnte, und er darf mit der Mutter endlich den Einkauf machen. Dadurch wurde er in seinem Verhalten, ein ungeliebtes Mittagessen nicht essen zu wollen, deutlich ermutigt und unterstützt. Der klare Wechsel in Tonfall und Aussage der Mutter Marcus gegenüber signalisiert dem Kind, dass sein Verhalten letztlich in Ordnung war, weil es ihm den gewünschten Erfolg brachte, obwohl er sein Verhalten in keiner Weise änderte.[23]

---

[23] Der Begriff „signalisieren" bedeutet nicht, dass Marcus diese Empfindungen bewusst aufnimmt und verarbeitet. Lernerfahrungen werden in den meisten Fällen für den Menschen unbewusst gespeichert. Wir müssen alle erst einen umfangreichen Lernprozess durchmachen, um einen großen Teil unserer unbewussten Erfahrungen bewusst reflektieren zu können.

5. Kapitel:
Lernen durch Anerkennung, Lob und Belohnung

Lob, Belohnung und Ermutigung zählen zu den unterstützenden Verhaltensweisen, durch deren Einsatz Eltern Verhalten von Kindern lenken und festigen können, um so ein bestimmtes Erziehungsziel zu erreichen. Die überwiegende Mehrzahl aller Verhaltensweisen der Menschen, von wenigen angeborenen Reflexen abgesehen, sind weitgehend durch Verstärkung, Lob, Belohnung und Unterstützung geformt worden. Allerdings oft im Zusammenwirken mit der Abwehr unangenehmer, unerwünschter Verhaltensweisen.

Die nachfolgenden Ausführungen werden sich näher mit unterstützenden Verhaltensweisen wie Anerkennung, Lob und Belohnung auseinandersetzen, so wie sie in der täglichen Erziehungspraxis vorgefunden werden. Da der erzieherische Alltag von unendlich vielen Formen gekennzeichnet ist, können nur einige wenige, möglichst charakteristische Formen ausgewählt und als beispielhaft gekennzeichnet werden. Dabei ist einmal zu unterscheiden zwischen „positiven" und „negativen" Formen, also einerseits solchen, die zu der erwarteten positiven Konsequenz führen. Zum anderen sollen solche Formen dargestellt werden, die zwar dem Anschein nach als Anerkennung, Lob und Belohnung daher kommen, sich aber bei näherem Hinsehen als nachteilig für ein angestrebtes Erziehungsziel erweisen, in Wahrheit also einen negativen Nacheffekt haben.

Dabei werden wir auch den Fragen nachgehen, wie Lob und Belohnung wirken.

Die Bedeutung unabsichtlichen Lernens – und die Rolle unserer Gefühle

Es gibt Lernprozesse, die laufen unbewusst und nahezu unkontrolliert ab. Sie können starken positiven und negativen Einfluss auf die Erziehung haben. Wer über diese Lernvorgänge Bescheid weiß, kann sie sich für die Erziehung nutzbar machen.

Viele Leser kennen sicher das Phänomen, dass sie, ohne sich sonderlich klar zu sein warum, bestimmte Namen mögen und manche nicht ausstehen können. Offenbar spielen unsere Gefühle hierbei eine besondere Rolle, denn sie sind es, die uns sagen, ob wir etwas mögen oder nicht.

Es gibt Situationen, die bei uns Gefühlsreaktionen, „Emotionen", auslösen, ob wir das wollen oder nicht. Manchmal handelt es sich um eine Begegnung mit einem Menschen oder Tier, eine Erfahrung mit einem bestimmten Gegenstand oder Zustand. Es können angeborene, aber auch zu einem früheren Zeitpunkt erlernte Reaktionen sein. Tritt plötzlich ein heller Lichtstrahl auf unsere Augen, schließen wir sie, bei einem plötzlich auftretenden lauten Knall zucken wir zusammen. Ein freundliches Lächeln eines Menschen löst das angenehme Gefühl der Freude bei uns aus. Signalisiert dagegen ein Mensch durch Mimik oder Gestik Aggression, Wut oder gar Angriff, reagieren wir mit Flucht-, Schutz- oder Verteidigungsverhalten.

Andere Situationen hingegen lösen solche Gefühlsreaktionen nicht aus, sie sind gefühlsmäßig „neutral". Ein Gebäude, der Name einer Stadt, das Gesicht eines Menschen, der an uns vorbei geht, Gegenstände in einem Kaufhaus, an denen wir kein Interesse haben, der Name eines Menschen, den wir nicht kennen.

Es muss aber nicht alles so bleiben. Plötzlich stellen wir fest, dass ein Name, der noch bis vor einiger Zeit keinerlei emotionale

Reaktion in uns auslöste, unvermutet Freude oder Ärger in uns aufkommen lässt, wir reagieren auf den Klang dieses Namens heftig emotional.

Eine Emotion hat sich mit dem Klang eines Namens verbunden, der noch vor einiger Zeit keinerlei Emotionen auslöste. Unsere Gefühlsreaktion ist nun an diesen Namen, unabhängig vom Namensträger, gekoppelt. Wie kann das geschehen?

***Lucas** ist ein kleiner Junge, 5 Jahre alt. Mit Lucas spielen seine Spielgefährten nicht gern. Immer möchte er gerade das Spielmaterial haben, mit dem andere Kinder spielen. Wollen sie ihr Spielzeug nicht an Lucas abgeben, läuft er sofort zu seiner Mutter oder einer Erzieherin und beklagt sich über die Kinder. Dabei sagt er auch Dinge, die nur in seiner Phantasie existieren. Alle Mittel sind ihm recht, wenn er nur damit durchzukommen hofft. Auch schwärzt er gern andere Kinder an: „Mama guck mal, was der Dennis macht..!“ So rückt er sich häufig ins rechte Licht. Seine Mutter unterstützt ihn dabei: „Das ist aber nicht schön, dass sie dir das Spielzeug nicht abgeben.“ Lucas gibt vor, alles besser zu können, als die Mitspielenden: „Gib mal, ich kann das, du musst das so machen!“ sagt er dann und nimmt dem verdutzten Kind das Spielzeug ab. Oft ist danach etwas zerstört oder zerbrochen. Von Lucas kommt dann: „Das ist nur, weil du mich gestört hast“. Ist seine Mutter in der Nähe, sagt sie: „Da konnte der Lucas nichts zu, das habe ich genau gesehen“. Dem anderen Kind bleibt nur das zerstörte Spiel. Werden Lucas und seine Mutter von befreundeten Familien eingeladen, sagen die Kinder dieser Familie: „Oh nein, Lucas kommt, muss das sein?“*

Wir lernen ein Kind, sagen wir, Lucas, mit seinen auffälligen, uns unangenehmen Verhaltenweisen kennen. Zunächst lehnen wir die Verhaltensweisen des Kindes ab, weil wir sie als unangenehm empfinden. Regelmäßig, wenn wir dieses Kind sehen oder an es denken, erleben wir aber diese unangenehmen auffälligen Verhaltensweisen oder haben sie in der Erinnerungsphantasie „vor Augen“. Da diese Verhaltensweisen aber an dieses Kind gebunden sind und immer mit dem Kind zusammen auftreten, übertragen sich die damit verbundenen unangenehmen Empfindungen langsam aber sicher auf das Kind selbst. Sie lösen sich quasi von den Verhaltensweisen des Kindes ab und werden nun durch das Kind selbst repräsentiert.

Daher sagt die Spielfreundin dieses Kindes nicht mehr: „Der Lucas tut dieses und jenes“, sondern: „Ich mag den **Lucas** nicht.“

Mit dem Kind ist aber auch sein Name, hier in unserem Beispiel „Lucas“ verbunden. Immer, wenn der Name „Lucas“ fällt oder wenn an „Lucas“ gedacht wird, folgt in der Realität oder der Erinnerung das Erlebnis des unangenehmen Verhaltens. Mit diesem Namen nun geschieht das gleiche, was zwischen dem Kind und seinen Verhaltensweisen geschehen ist: Unsere unangenehmen Emotionen koppeln sich nicht nur an das Kind, sondern auch an seinen Namen. Nun ist der Name „Lucas“ der Repräsentant all des unangenehmen Verhaltens, das wir bei dem Jungen ablehnen. Im Ergebnis übertragen sich diese Erfahrungen mit dem Verhalten der betreffenden Person auf den ursprünglich gefühlsmäßig neutralen Namen. Dieser Kopplungsprozess kann so weit gehen, dass Eltern, obwohl der Name „Lucas“ für sie ursprünglich einen neutralen Klang besaß, den Namen zukünftig an sich unangenehm finden. Der Name „Lucas“, unabhängig von einer konkreten Person, wird mit unangenehmen Emotionen „besetzt“: „Lucas würde ich mein Kind niemals nennen!“ sagen die Eltern dann.

So kommt es, dass man einen Namen ablehnt oder mag, je nach den Gefühlen, die mit der Person und ihrem Verhalten verbunden waren.

Der hier geschilderte Zusammenhang ist ein grundlegender Lernvorgang bei Menschen und Tieren. Es gibt viele für uns „neutrale“

Situationen oder Zustände, die zunächst keinerlei Gefühlsreaktionen bei uns auslösen, weil sie für uns keine Bedeutung haben. Treten diese „neutralen" Erfahrungen oder Zustände aber häufig unmittelbar im Zusammenhang mit solchen gleichzeitig auf, auf die wir (von Natur aus oder auf Grund von früheren Erfahrungen) mit heftigen Emotionen reagieren, können sich diese heftigen Reaktionen auch auf die neutralen Zustände oder Situationen übertragen. Wir reagieren dann ebenso auf diese mit heftigen Gefühlen. Selbst dann, wenn sie für sich allein auftreten. „Ich mag den Namen ‚Lucas' nicht".

Unser Alltag ist angefüllt mit Lernerfahrungen, die auf diese Weise gemacht wurden, wie das nächste Beispiel zeigt.

***Frau Donath** beklagt sich darüber, dass ihre Kinder, **Nina**, 12 Jahre und **Niclas**, 14 Jahre alt, ihre Zimmer nicht aufräumen. Wie oft hat sie es ihnen schon gesagt, wie oft hat sie die Zimmer auch schon selbst aufgeräumt. Ihre Kinder sind in ihren Augen sehr unordentlich, und darunter leidet sie, denn Ordnung im Haus ist für sie eine unabdingbare Voraussetzung für ein wohnliches Zuhause. Mehrfach hat sie auch schon versucht, ihre Kinder dazu zu bewegen, mit ihr zusammen aufzuräumen, nichts half. Eine Freundin der Familie, die des Öfteren miterleben konnte, wie die Aufräumaktion in den Kinderzimmern zusammen mit Mutter und Kindern ablief, kann Folgendes schildern: Nie lief das Aufräumen im Kinderzimmer ohne Ärger zwischen Mutter und Kindern ab. Alles, was die Kinder machten, war der Mutter nicht ordentlich genug. Die Mutter hatte die Angewohnheit, ständig zu nörgeln, die Kinder zu ermahnen. Oft wurde sie laut dabei. Nicht selten brach dann ein Kind in Tränen aus. Die Mutter gab nicht eher Ruhe, bis die Zimmer ihrer Vorstellung entsprechend aufgeräumt waren. Sie meinte es gut mit ihren Kindern und war bestrebt, sie anzuleiten, „richtig" Ordnung zu* *machen. Das sagte sie ihren Kindern auch. Aber es war trotzdem alles vergebens. Inzwischen war es so schlimm, dass die Kinder auch sehr unwillig halfen, nach gemeinsamen Mahlzeiten in der Küche Ordnung zu schaffen. Da die Mutter die Küche als ihren Arbeitsbereich betrachtete, verlangte sie von ihren Kindern hier ganz besondere Sorgfalt. Aber auch hier hatten die Kinder Mühe, es der Mutter recht zu machen.*

Nörgeln, Schimpfen, Ärger mit der Mutter, kombiniert mit ungewöhnlicher Lautstärke sind für Kinder häufig sehr unangenehme Erfahrungen, denen sie am liebsten aus dem Weg gehen würden, wenn sie das könnten. Aufräumen selbst ist ebenfalls keine Tätigkeit, die Kinder gern machen, denn Aufräumen ist häufig mit dem Abbrechen des Spiels, ins Bett gehen und ähnlichen, für Kinder unangenehmen Folgen verbunden. Zudem ist „Ordnung", wie die Mutter sie versteht, im Grunde eine Kategorie der Erwachsenen. Kinder haben oft ganz andere Vorstellungen.

Nun tritt die an sich schon unangenehme Tätigkeit des Aufräumens immer zusammen mit Nörgeln, Schimpfen und ungewöhnlicher Lautstärke der Mutter auf. Es findet also hier ebenfalls eine Kopplung zwischen den unangenehmen Verhaltensweisen der Mutter und dem Aufräumen statt, denn regelmäßig, wenn die Kinder der Aufforderung, aufzuräumen, nachkommen, folgt nicht etwa ein Lob der Mutter, sondern die Qual, die unangenehme Situation ertragen zu müssen. Wie im Beispiel mit dem ungeliebten Namen überträgt sich im Laufe der Zeit das unangenehme Gefühl, dass das Verhalten der Mutter verbreitet, auf den Prozess des Aufräumens selbst. Mit dem Aufräumen ist keine positive, sondern regelmäßig eine negative Erfahrung verbunden. Dadurch tauchen im Zusammenhang mit der Tätigkeit „Aufräumen" keine angenehmen, sondern regelmäßig unangenehme Gefühle der Ängste und Bedrängnis in den Kindern auf. „Aufräumen ist unangenehm" ist das Ergebnis dieser Erfahrung. Festgestellt haben wir aber an anderer Stelle: „Gelernt wird immer dann, wenn positive Erfahrungen gemacht werden“.[24] Die Mutter vermittelt den Kindern jedoch nicht das Gefühl, gemeinschaftlich positiv zu handeln. Es sieht eher alles wie ein Gegeneinander-Arbeiten aus.

Der hier geschilderte Vorgang gilt aber nicht nur für Gefühle, die uns Schwierigkeiten machen wie Angst, Furcht, Wut, Scham, Hass, Unsicherheit, Ekel. Auch angenehme Gefühle und Interessen, wie Freude, Lust, Genussgefühle (Nahrung!), Zuneigung, Sympathie, Mitgefühl, Entspannung, können sich so übertragen.

***Max** ist gerade 1 Jahr alt geworden. Eines der ganz wenigen Worte, die er spricht, ist „Papa“. Vor Max sind in der Wohnung keinerlei Geräte sicher. Jeden Gegenstand, der ihm neu vorkommt, muss er in die Hand nehmen und untersuchen. Ganz besonders interessiert er sich aber für Telefone jeder Art. Kommt er in eine fremde Wohnung, läuft er zuerst zum Telefon, das er mit sicherem Blick sofort findet. Er deutet mit dem Finger darauf oder nimmt es in die Hand und sagt: „Papa“. Alles, was einem Telefon ähnlich sieht, ist für ihn „Papa“. Lange konnten sich die Eltern nicht erklären, wieso er dem Telefon die Bezeichnung „Papa“ gab, zumal sie es immer als „Telefon“ bezeichneten. Der Vater des Jungen war jedoch in der Woche außerhalb tätig. Die Mutter telefonierte jeden Tag mit ihrem Mann und ließ die Kinder an den Telefongesprächen teilhaben. So verband Max das Telefon immer mit der Stimme seines Vaters, zumal die Mutter ihm, wenn Max in das Telefon hineinhorchte sagte: „Da ist der „Papa“.*

Lange hat Max an der Bezeichnung „Papa“ für das Telefon festgehalten, weil es für ihn emotional immer mit der Stimme seines

---

24 Diese Aussage schließt Lernen durch unangenehme Erfahrungen nicht aus. Lernen durch unangenehme Erfahrungen ist aber auf das **Abwehren** des Unangenehmen gerichtet und nicht primär auf den Erwerb neuer Verhaltensweisen.

Vaters verbunden war, die für ihn eine sehr positive Erfahrung bedeutete.

Insbesondere beim Erlernen von Ordnung und anderen unangenehmen Tätigkeiten, wie z.B. Hausaufgaben für die Schule, kommt es entscheidend darauf an, zu Beginn des Lernprozesses ein positives Arbeitsklima zu schaffen, in dem Kinder jeden ihrer Lernschritte mit einer angenehmen Erfahrung koppeln können. **Der Schlüssel zu einem positiven Klima liegt in kontinuierlicher Freundlichkeit gegenüber dem Kind, im Fernhalten jeglicher negativen Kritik und störender Umstände, der Anerkennung jeder Leistungsbemühung, auch dann, wenn diese noch nicht dem erwarteten Standard der Eltern entspricht, sowie Lob und Belohnung aller seiner zielgerichteten Aktivitäten,** ähnlich, wie es im nachfolgenden Beispiel Frau Schmitt mit dem Prozess des Rechnens bei ihrer Schülerin Ina gelungen ist

Ina *kommt in die erste Grundschulklasse. Bisher hatte sie noch keine direkte Erfahrung mit „Rechnen", bis auf die wenigen Übungen, die Eltern mit ihren Kindern machen und die Kinder im Kindergarten üblicherweise kennen lernen. Auch die direkte Erfahrung mit Lehrern fehlt ihr noch. Ina hat das Glück, in Frau Schmitt eine freundliche und engagierte Lehrerin anzutreffen. So ist das auch im Fach „Mathematik". Frau Schmitt bemüht sich, allen Kindern gegenüber sehr freundlich, aber auch konsequent zu sein. Jedes Mal, wenn Ina sich bemüht, die Übungen und Aufgaben, die den Kindern gestellt werden, zu bewältigen, wendet sich die Lehrerin ihr zu und lächelt sie freundlich an. Ihre Bemühungen werden auch durch regelmäßiges Lob unterstützt, bei dem Frau Schmitt darauf achtet, zu jedem Kind persönliche Worte zu sagen, die die Kinder in ihrer Arbeit aufmuntern und ihre Arbeit anerkennen, zunächst unabhängig davon, wie das Ergebnis ihrer Arbeit ausfällt. So können auch schwierige*

Übungen bewältigt werden. Ina hat auch mehrmals schon etwas Richtiges im Unterricht sagen können. Dafür lobte Frau Schmitt sie sehr. Sie freut sich über das Lob und die Freundlichkeit der Lehrerin. Wenn die Kinder Fehler machen, werden diese mit Frau Schmitt besprochen. Dann hilft sie den Kindern, die Fehler zu beheben. So kommen die Kinder gern in den Unterricht von Frau Schmitt. Langsam fühlen sie, dass sie Lernfortschritte machen. Das macht Spaß. Nach einiger Zeit, als die Eltern Ina wieder einmal fragten, wie ihr die Schule gefiel, sagte sie: „Rechnen gefällt mir am besten".

Am Beispiel Inas und ihrer Freude am Rechnen sind für uns wieder Zusammenhänge zu erkennen, die für die Grundlagen einer positiven Erziehung wichtig sind.

Bei Ina stellt sich das Gefühl der Freude immer dann ein, wenn Frau Schmitt sie freundlich anlächelt, ihr bei einer Schwierigkeit hilft oder wenn sie freundliche Worte zu ihr sagt, sie lobt. Ina lächelt Frau Schmitt dann ebenfalls zu, weil sie sich darüber freut.

Mit der Tätigkeit „Rechnen" hatte Ina anfangs noch keine Erfahrung. Daher löst diese neue Tätigkeit in der Schule bei ihr zunächst keine erkennbaren Gefühle aus.

Nun wendet sich Frau Schmitt dem Mädchen während des Rechenunterrichtes regelmäßig in freundlicher Absicht zu. Das geschieht vor allem immer dann, wenn Ina mit „Rechnen" beschäftigt ist, ja sogar, wenn Ina Schwierigkeiten hat, eine Aufgabe zu lösen. Auch dann erfährt sie das freundliche Lächeln sowie die Unterstützung und Nähe ihrer Lehrerin. Diese Hilfe, die immer zu einem guten Ergebnis ihrer Bemühungen führt, steigert sogar noch ein wenig das Gefühl der Freude: Die Aufgabe ist gelöst, das macht Ina Spaß.

Wir können also feststellen, dass Inas Tätigkeit „Rechnen" immer gekoppelt ist mit dem angenehmen Gefühl der Freude, das entsteht, wenn sich Frau Schmitt ihr freundlich zuwendet. Dadurch überträgt sich allmählich Inas Gefühl der Freude durch die Freundlichkeit ihrer Lehrerin auf Inas Rechentätigkeit. Durch die Freude an der Freundlichkeit der Lehrerin beim Rechnen beginnt das Rechnen, Ina Freude zu bereiten, unabhängig von der Freundlichkeit ihrer Lehrerin. Rechentätigkeit allein löst nun Freude bei Ina aus.

Wissen wir um diese Prozesse, können wir sie für die gewünschte positive Erziehung nutzen. Wie oft werden die Hausaufgaben für ein Kind in der Familie zur Qual. Die Aufgabe ist schwer, verlangt vom Kind Konzentration, Verzicht auf das Spiel mit den Freunden. „Erst müssen die Hausaufgaben gemacht werden." Zu alledem kommen unangenehme Ermahnungen, Kritik, Druck, negative Mimik und Gestik, Widerspruch, Einwände, Nörgeln, Schimpfen, Strafpredigten, Gebote und Einschränkungen der Eltern hinzu, wenn sie mit dem Arbeitsverhalten und den Ergebnissen ihres Kindes nicht einverstanden sind. Wen wundert es, wenn sich alle diese unangenehmen Empfindungen, die ein Kind im Gefolge seiner Hausaufgaben erfährt, dann im Gefühl des Kindes mit den Hausaufgaben selbst verbinden. „Ich hasse Hausaufgaben" wird dann die Regel sein.

Eltern haben ein Recht auf ein Eigenleben und sind nicht nur für ihre Kinder da, für ihre Ernährung, für die Ordnung im Kinderzimmer, das Waschen ihrer Wäsche, die Sorge für ihre Kleidung und zudem noch für das Schaffen einer ausreichenden Motivation zur Bewältigung der Hausaufgaben.

Aber Anerkennung, Lob und Belohnung, die Kinder brauchen, um leben und lernen zu können, werden zunächst einmal, besonders in der frühen Kindheit, durch die Eltern vermittelt. Später sind sie es auch, die Fehler eines Lehrers oder der Schule in gewisser Weise ausgleichen müssen, sobald sie merken, dass das Lernen ins Stocken gerät, zumeist, weil eine ausreichende Anerkennung, Motivation und Unterstützung des Lernprozesses in einer dem Kind angemessenen Weise durch die Schule fehlt. Es ist Kindern schon sehr geholfen, wenn sich der Prozess der Demotivierung, der fehlenden Anerkennung der Bemühung um eine angemessene Leistung und der fehlenden Hilfe und Unterstützung im Elternhaus nicht auch noch fortsetzt. Hilfe, die oft von der Schule im Einzelfall nicht ausreichend geleistet werden kann, muss dann im Elternhaus einsetzen, wenigstens bis Kinder durch eine gewisse Eigenmotivation soweit sind, den Lernprozess selbständig zu gestalten.

Der positive Weg fordert von Eltern etwas Zuversicht, Vertrauen und Selbstdisziplin, dann ist er leichter zu gehen. Er bedeutet für die Eltern vor allem: Ermahnungen, Kritik, Druck, negative Mimik und Gestik, Widerspruch, Einwände, Nörgeln, Schimpfen, Strafpredigten, Gebote und Einschränkungen sofort einzustellen oder auf ein absolutes Minimum zu reduzieren, auch wenn es zunächst schwer fällt. Stattdessen sind Anerkennung, Lob und Belohnung, Unterstützung und Hilfe oberste Priorität einzuräumen.

Jede Tätigkeit eines Kindes, jede Situation, jeder Gegenstand, jeder Mensch und jedes Tier, welche beim Kind zunächst keine emotionale Reaktion auslösen, weil es noch keine Erfahrungen damit machen konnte, kann sich bei ihm mit Emotionen aus anderen Lebensbereichen und Lebenserfahrungen verbinden und diese Emotionen „übernehmen“, wenn sie häufig gemeinsam erfahren werden. Daher ist es wichtig, neue Erfahrungen und Begegnungen für das Kind von vorn herein positiv zu gestalten, damit es angenehme Gefühle in der neuen Lebenssituation entwickeln kann.

Vor allem bei den für Kinder neuen Lernerfahrungen und Tätigkeiten gilt für Eltern und Erzieher: Statt zu nörgeln, schimpfen und zu klagen, das Kind in einer freundlichen Atmosphäre ermutigen, unterstützen und anerkennen, loben und belohnen.

Es könnte nun sein, dass Frau Schmitts Kräfte in ihrer Grundschulklasse durch andere Kinder sehr stark gebunden werden und sie nicht mehr allen die gleiche intensive Aufmerksamkeit schenken kann. Ina wird also ohne die regelmäßige Aufmerksamkeit ihrer Lehrerin am Unterricht teilnehmen müssen. So lange Inas Freude am Rechnen nur durch die Nähe und Zuwendung ihrer Lehrerin aufrechterhalten wird, besteht die Gefahr, dass diese Freude in dem Maße nachlässt, in dem Ina die Aufmerksamkeit und Unterstützung ihrer Lehrerin vermisst. Das ist ein sehr schwieriger Balanceakt für jeden Erzieher. Frau Schmitt kann und soll sich nicht nur um Ina kümmern. Vernachlässigt sie das Kind im Unterricht aber, besteht die Gefahr, dass es die Freude am Rechnen verliert. Damit das nicht geschieht, wird sich Frau Schmitt immer wieder auch Ina zuwenden, bis sie erkennen kann, dass Ina eine andere Quelle der Freude für sich erschlossen hat: die Fähigkeit, Aufgaben selbständig zu lösen und auf Frau Schmitt, entsprechend dem Leistungsfortschritt, nicht mehr angewiesen zu sein. Aber auch danach bedarf Ina noch der positiven Rückäußerung und der angenehmen Nähe und Unterstützung ihrer Lehrerin, diese kann nun aber sehr viel stärker auf den Leistungsfortschritt des Kindes zugeschnitten sein. Das war zu Anfang anders. Zu Anfang bedurfte Ina noch der Nähe und Ermunterung ihrer Lehrerin in jeder Situation, gleichgültig, ob diese nun durch eine positive Leistung des Kindes gekennzeichnet war oder nicht.

Auch Frau Donath befindet sich in einer schwierigen Situation. Ihr ist das Aufräumen sehr wichtig, und mit den Aufräumaktionen der Kinder kann sie sich nicht zufrieden geben. Frau Donath, so stellten wir fest, müsse Ihr Nörgeln und Schimpfen völlig aufgeben und eine positive Atmosphäre schaffen, wenn aufgeräumt wird. Wegen der bei ihren Kindern bereits vorhandenen ablehnenden Einstellung zum Aufräumen ist das nicht ganz einfach. Gerade aber aus diesem Grunde ist die Veränderung des Klimas wichtig, damit ihre Kinder langsam ihre Haltung gegenüber dem Aufräumen ändern können.

Wenden wir das zum Verhalten der Lehrerin Schmitt Gesagte nun einmal auf die Situation Frau Donaths an. Frau Schmitt, stellten wir fest, dürfe, wolle sie verhindern, dass Ina die Freude am Rechnen verliere, ihre Zuwendung zu Ina nicht ganz aufgeben, denn in dem Maße, in dem Ina die Aufmerksamkeit und Unterstützung ihrer Lehrerin vermisse, bestehe die Gefahr, dass ihre Freude nachlasse. Die Kinder Frau Donaths aber, darüber würde sich die Mutter der beiden freuen, sollten ihre Abneigung gegen das Aufräumen verlieren. Aus diesem Grunde muss die Mutter ihr Nörgeln und Schimpfen restlos aufgeben. Fällt sie auch nur ab und zu in ihr Schimpfen und Nörgeln zurück, wird die Abneigung gegen das Aufräumen schnell wieder in der Erfahrung der Kinder realisiert. Die Chance, auf diese Weise die Abneigung zu verlieren, ist dann sehr gering[25].

So lange die Freude und Motivation eines Kindes an einer Tätigkeit oder in einer Situation nur durch die Nähe, Zuwendung und Unterstützung seiner Eltern aufrechterhalten wird, besteht die Gefahr, dass diese Freude in dem Maße nachlässt, in dem die Aufmerksamkeit und Unterstützung der Eltern abnehmen. Damit das nicht geschieht, ist es notwendig, dass sich die Eltern immer wieder ihrem Kind während seiner Tätigkeit zuwenden, bis sie erkennen können, dass die Tätigkeit an sich dem Kind eine gewisse Freude verschafft. Aber auch danach bedarf es noch der Anerkennung, positiven Rückäußerung und der angenehmen Nähe und Unterstützung seiner Eltern. Diese kann sich nun aber stärker auf die Leistung und den Leistungsfortschritt des Kindes beziehen, ohne jedoch die Person des Kindes zu vernachlässigen.

---

[25] An dieser Stelle können nicht alle Wege aufgezählt werden, die sich anbieten, Kindern Aufräumen schmackhaft zu machen. Es ist auch eine Frage des Erziehungsziels, welchen Stellenwert das Aufräumen in der Erziehung haben soll. Sicher geht es nicht ganz ohne diese für viele unangenehme Tätigkeit. Mitunter wird sie eine wichtige Erfahrung für Kinder sein.

Wie ein Kind etwas völlig Neues lernen kann

Im vorigen Abschnitt wurde dargestellt, wie Situationen, Begegnungen oder Zustände, die zunächst keine Emotionen auslösen, sich mit anderen, emotionalen Empfindungen verbinden, auf diese Weise selbständig eine emotional gefärbte Reaktion hervorrufen und somit Einfluss auf neue Lernerfahrungen von Kindern nehmen können. Diese neu gelernten emotionalen Reaktionen können sehr stabil sein. Das gilt vor allem für „negative", unangenehme emotionale Reaktionen, wie Angst, Ekel, Abscheu und andere Abneigungsgefühle sowie Gefühle des Unbehagens. Es ist daher wichtig, eine Situation, in der Kinder Neues lernen (müssen), möglichst positiv zu gestalten. Denn: Gelernt wird insbesondere dann, wenn positive Erfahrungen gemacht werden (vgl. Spitzer, 181).

Anerkennen, loben und belohnen kann man jedoch nur etwas, das bereits gelernt wurde. Wenn es darum geht, etwas völlig Neues zu lernen, bedarf es eines bestimmten Vorgehens, das im Folgenden näher beschrieben wird.

Konsequenzen positiv nutzen

In den nachfolgenden Ausführungen wird zunächst dargestellt, wie das Verhalten des Kindes von Konsequenzen beeinflusst wird, die sein Verhalten nach sich zieht, welche Bedeutung darin für die Erziehung liegt und wie diese Kenntnisse für eine positive Erziehung genutzt werden können. Im Vordergrund der Überlegungen stehen hier unterstützende Konsequenzen wie Anerkennung, Lob und Belohnung.[26]

---

[26] Jedoch wird das Verhalten auch durch unangenehme Konsequenzen beeinflusst. Zu diesen gehören alle gegenwirkenden Maßnahmen im Bereich der Strafen, die jedoch, wie bereits bemerkt, hier nicht näher erörtert werden sollen.

***Marie** ist mit ihren zwei Jahren eine bemerkenswerte Leistung gelungen. Sie hat es geschafft, ihre eigene Furcht vor dem viel größeren Hund Ascan zu überwinden und gar seine Freundschaft zu gewinnen, obwohl er sich gegenüber Kindern ausgesprochen kritisch verhielt. Das war nur möglich, in dem das Kind in seinen Wünschen von vertrauten Personen bekräftigt und unterstützt wurde. Lob hatte wesentlichen Anteil daran. Belohnung für ihre Bemühung um das Tier waren ihre kleinen Erfolge: Zunächst ließ er sich füttern, dann hörte Ascan auf zu bellen, wenn Marie in seine Nähe kam, schließlich kam er zu Marie gelaufen, sobald er sie wahrnahm und ließ sich anfassen.*

Schaut man sich die Ereignisse noch einmal im Detail an, ist Folgendes festzustellen:

Das Tier wuchs in einem Haushalt mit vier Kindern auf, die aber nicht mehr so ganz klein waren, als der Hund ins Haus kam. Fremden Kindern, die sich außerhalb des Grundstückes befanden, setzte Ascan immer stark zu, offenbar, weil er durch sie häufiger gequält worden ist. Innerhalb des Grundstückes verhielt er sich Menschen gegenüber nicht feindselig, hatte jedoch zu kleinen Kindern ebenfalls eine kritische Distanz. Sobald Marie Ascan wahrnahm, wollte sie ihn streicheln. Das war aber nicht so einfach möglich, da das Tier sich vor dem Kind zurückzog und sich nicht anfassen lassen wollte. Marie ließ aber nicht locker und wollte immer hinter Ascan her. Drehte sich der Hund um und kam auf Marie zu, ängstigte sie sich und suchte schnell den Arm eines Erwachsenen. Ihr Wunsch, Ascan zu sehen, ihn anzufassen und später, ihn zu füttern, waren stark genug, ihre Angst zu überwinden. Alle Personen im Hause unterstützten Maries Bedürfnisse, Kontakt zu Ascan zu bekommen, nicht zuletzt, weil sie die positive Wirkung von Tieren auf Kinder kannten und schätzten.

Um die Freundschaft des Hundes zu gewinnen und den Hund an das Kind zu gewöhnen, durfte Marie ihm Leckerlis in

Form von kleinen Futterstangen verabreichen. Die fraß das Tier sehr gern. Daraus wurde nahezu ein Ritual: Immer, wenn Marie in die Wohnung oder in die Nähe des Hundes kam, wollte und durfte sie ihn füttern. Zunächst warf sie, auf dem Arm einer Person des Vertrauens sitzend, die Stängchen dem Hund rasch vor die Füße, wenn er ihr zu nahe kam. Fraß er das Futter dann, freute sich Marie und wollte noch ein zweites und drittes Stängchen haben. In dieser Phase bereits kam Ascan immer gelaufen, sobald er die Stimme Maries hörte. In einer weiteren Phase wurde Marie gezeigt, wie sie die Stängchen, etwa 10 cm lang, in ihrer Hand halten konnte, um sie sich vom Hund aus der Hand fressen zu lassen. Es war für das Kind jedoch noch sehr schwierig, den Hund anzufassen, da er seinen Kopf immer nach Maries Hand drehte, das war ihr noch unangenehm.

Langsam konnte das Kind die Futterstangen indessen in seiner Hand halten, um sie sich vom Hund aus der Hand nehmen zu lassen. So kamen sich Kind und Hund ein Stück näher. Sobald das Verhältnis zwischen beiden etwas gefestigt war, musste Marie sich daran gewöhnen, Ascan auch zu begegnen, ohne ihn bei jeder Begegnung füttern zu können. Das war für das Kind nicht einfach, aber notwendig, denn Marie musste lernen, dass auch ein Tier nicht unentwegt fressen darf. Umgekehrt war dieser Lernprozess für den Hund ebenfalls wichtig, denn das Ziel der ganzen Aktion war ein entspanntes und freundschaftliches Verhältnis zwischen Kind und Hund, ohne die ständige Erwartung auf Seiten des Hundes, gefüttert zu werden. Ascan musste lernen, Marie auch ohne Futtergaben zu akzeptieren.

Wichtig in dieser Phase war den Eltern und Freunden, dass weder Marie noch der Hund unangenehme Erfahrungen miteinander machten. So wurde das Kind darin unterstützt, ihn nicht plötzlich zu erschrecken, ihm keine Schmerzen zuzufügen, langsam auf ihn zuzugehen und nicht vor ihm wegzulaufen, damit er es in seinem ungestümen Drang nicht aus Versehen zu Boden warf. Marie wurde gezeigt, wie sie den Hund anfassen und streicheln konnte, damit sie ihm nicht wehtat. Vor allem aber musste sie erfahren, dass Ascan ihr selbst auch kein Leid zufügte. Bald wusste Marie, wo und wie sie bei Ascan „ei“ machen konnte und ließ dazu keine Gelegenheit aus. So gewöhnten sich das Kind und der Hund langsam aneinander. Dieser ganze Gewöhnungsprozess hat wohl nahezu sechs bis acht Monate gedauert. Marie konnte am Ende Ascan sogar ihre Hand durch den Gartenzaun entgegenstrecken und ihn von außen füttern, ohne den Argwohn des Hundes hervorzurufen. In dieser Zeit wurden die Futtergaben durch das Kind auf eine geringe Anzahl herabgesetzt, ohne sie jedoch völlig aufzugeben. Marie lernte so sehr früh mit Hilfe von Lob, Belohnung und Ermutigung durch ihre kleinen Erfolge und ihr vertraute Personen, das Tier in seiner Eigenart zu respektieren. Eine frühe, soziale Lernerfahrung für das Kind.

Wie aus der oben geschilderten Geschichte Maries und des Hundes Ascan zu ersehen ist, kennen wir zwei grundsätzliche Arten von Konsequenzen, die sich aus dem Verhalten eines Menschen ergeben:

a) Konsequenzen, die sich unmittelbar und ohne Zutun einer weiteren Person aus dem Verhalten oder der Erfahrung ergeben:

- Quälen und Treten machten den Hund aggressiv.
- Marie fühlte sich auf dem Arm eines Erwachsenen vor dem Hund sicher, das löste Beruhigung in ihr aus. Diese Verhaltensweise wurde anfangs oft wiederholt.
- Warf Marie dem Hund eine Futterstange vor seine Pfoten, fraß er diese sofort auf. Das freute Marie, und sie wollte ihn mit einer zweiten Stange füttern. Das Fressen hatte auf Marie die Wirkung einer Belohnung.
- Durch das Füttern verlor Ascan die Scheu vor dem Mädchen.
- Weil Marie Ascan fütterte, hörte das Tier zu bellen auf, wenn

es Marie wahrnahm und lief zu Marie, wenn es nur ihre Stimme hörte. Dieses Verhalten löste Freude in Marie aus.
- Marie freute sich sehr, wenn Ascan ihr die Futterstangen aus der Hand fraß.
- Die vom Hund geduldete Nähe Maries und das zugelassene Anfassen (Streicheln) hatten auf das Kind die deutliche Wirkung einer Belohnung ihrer Bemühungen.
- Marie lernte, Ascan bei seinem Namen zu rufen. Das Tier kam sofort angelaufen, und Marie konnte ihn füttern. Marie freute sich und lernte schnell, Ascan zu rufen.

Der **Alltag der Erziehung** ist ebenfalls durchsetzt mit vielen unmittelbaren Konsequenzen[27]:
- Daniel darf auf dem Müllauto mitfahren, weil er die Mülltonnen von der Straße holte. Das Mitfahren bereitete ihm große Freude. Nun hielt er jeden Tag Ausschau nach den Müllmännern, um die Tonnen zurückzusetzen und auf dem Müllwagen fahren zu können.
- Daniel sah nur Männer auf den Baustellen schwere und gefährliche Arbeiten verrichten. Daher stand es für ihn fest: „Nur Männer können auf dem Bau arbeiten." Da freute es ihn, dass er ebenfalls ein „Mann" war, der (später) ebensolche gefährlichen und schweren Arbeiten verrichten konnte.
- Alwin und Carlotta erhielten unmittelbar nach ihrem Streit untereinander Schokolade, das machte ihnen Freude, weil ihnen die Schokolade gut schmeckte.
- Susanne wurde von ihrer Mutter stets umsorgt und behütet. Alle unangenehmen Tätigkeiten nahm die Mutter ihr ab. Das

[27] In einigen Fällen haben zwar Erwachsenen mitgewirkt, es handelte sich aber nicht um „erzieherische" Maßnahmen. Pädagogische oder das Verhalten der Kinder beeinflussende Absichten lagen nicht vor, die Konsequenzen waren in manchen Fällen gar unerwünscht.

war für Susanne ein angenehmes Gefühl, denn sie konnte solche Arbeiten immer auf die Mutter abwälzen.

- *Der Junge* ***Florian,*** *fünf Jahre alt, wünschte sich immer einen Puppenwagen und spielte gern mit Puppen. Er musste erleben, dass er als Junge mit seinem Puppenwagen bei seinen Freunden nicht akzeptiert wurde. Deshalb ging er mit dem Wagen nicht mehr auf die Straße.*
- Frau Krumey erlebt in ihrer Kindheit einen trinkenden und schlagenden Vater. Mutterliebe hat sie nie kennen gelernt. Daher ist sie mit ihren eigenen Kindern besonders nachsichtig, weil sie das nicht mehr erleben wollte.
- Christina „verlor" Oma und Opa auf dem Spazierweg. Die Angst, die in ihr aufstieg, hinderte sie monatelang daran, ohne ihre Eltern irgendwo allein zu bleiben.
- Das Verhalten von Lucas ist Kindern unangenehm. Darum sagen sie: „Ich mag den Lucas nicht".

Alle diese Konsequenzen stellen sich gewissermaßen „automatisch", das heißt ohne eine pädagogische Absicht eines Erwachsenen, ein. Sie sind eine unmittelbare Folge aus dem Verhalten oder Erleben des Kindes. Konsequenzen, die sich unmittelbar und direkt aus dem Verhalten oder Erleben des Kindes ergeben, zeigen eine starke Wirksamkeit. Sie beeinflussen das Verhalten und die Reaktionen des Kindes direkt, weil sie ohne Verzögerung auf das Verhalten folgen. Sie werden deshalb auch „natürliche" Konsequenzen genannt.

Für Eltern und Erzieher ergeben sich daraus sowohl angenehme wie unangenehme Folgen.

Positiv ist die Möglichkeit der Einflussnahme auf das kindliche Verhalten, wenn die direkten Konsequenzen das Erziehungsziel unterstützen. So wirkt sich eine angenehme Lernatmosphäre, wie gezeigt werden konnte, direkt auf die Lernbereitschaft und die

Lernfreude des Kindes aus. Eltern können daher, wenn es ihnen gelingt, ein positives Lernumfeld und positive Lernbedingungen zu schaffen, auf manche andere direkte Einflussnahme zur Unterstützung des Lernverhaltens verzichten. Das schafft eine angenehme Situation für Kind und Eltern, erleichtert dem Kind das Lernen sehr und befreit die Eltern von manchen Zwängen. Ein Erziehungskonzept, das mit den unmittelbaren Konsequenzen arbeitet, ist die so genannte „indirekte" Erziehung[28].

Nachteilig wirken sich die direkten Konsequenzen aus, wenn sie eine negative Wirkung auf das Kind haben. Manch eine beabsichtigte erzieherische Einflussnahme bleibt dadurch im Ansatz stecken. Es bedarf großer Anstrengung der Eltern, gegen solche Einwirkungen anzugehen. Beispiele sind hierzu Daniel, Florian und Christina. Florians Eltern mussten ihren Wunsch, gegen die so genannte „geschlechterspezifische" Erziehung anzugehen, an einem wichtigen Punkt aufgeben. Daniel war nicht davon zu überzeugen, dass auch Frauen schwere und gefährliche Arbeiten auf einer Baustelle verrichten können. Christina benötigte Monate, um wieder so viel Vertrauen zu gewinnen, eine Zeit lang ohne ihre Eltern zu sein.

b) Konsequenzen, die durch andere Menschen, zumeist Eltern oder Erzieher arrangiert werden

Wären Eltern ausschließlich auf die Wirksamkeit der „natürlichen" Konsequenzen angewiesen, bliebe ihnen nur der Weg der Hoffnung auf positive Wirksamkeit. Glücklicherweise lassen sich Konsequenzen auch arrangieren. Jedoch sind einige **Bedingungen** zu beachten, damit sie auch im Sinne des angestrebten Erzie-

---

[28] Zur Gestaltung indirekter Erziehung in der Familie vgl. Horst Domke: „Gar nicht erzogen – und doch ausgezeichnet erzogen" in Macha/Mauermann: Brennpunkte der Familienerziehung. Weinheim 1997, S. 74ff.

hungszieles wirken. Sonst haben wir es, wie bei der Strafe ebenfalls, mit ungewünschten Nebenwirkungen zu tun, die die Erziehung erheblich stören.

Marie durfte Ascan in der Anfangszeit, sobald der Hund auf sie zukam, regelmäßig, das heißt hier bei jeder Begegnung, füttern. Ina wurde durch ihre Lehrerin ebenfalls regelmäßig gelobt und mit Aufmerksamkeit, Freundlichkeit, anerkennenden Worten, Zustimmung und Aufmunterung in ihrer Bemühung, Rechnen zu lernen, belohnt. Daniel erhielt regelmäßig, während er die Mülltonnen den Anwohnern aufs Grundstück schob, wenigstens von einem dieser Nachbarn ein Lob oder gar eine Belohnung. So wurde es für Daniel zur Gewohnheit, die Tonnen zurückzufahren. Für seine Hilfe beim Hausbau, die der kleine Kerl aus seiner Sicht sehr ernsthaft betrieb, erhielt er ebenfalls regelmäßig Lob durch seine Eltern. Mehr oder weniger regelmäßige Belohnungen waren für ihn Werkzeuggeschenke, mit denen er arbeiten konnte, wie z.B. seine „Bauhandschuhe“, die wie die der Erwachsenen aus Leder waren.

Alle diese Kinder erfuhren die Anerkennung der Eltern und Freunde. Gefühlsmäßig erfahrbar waren Anerkennung, Ermutigung und Unterstützung für sie durch das regelmäßige Lob und die kleinen regelmäßigen „Belohnungen“, die, das soll hier an dieser Stelle deutlich gesagt werden, aus ehrlichem Interesse der Eltern und Erwachsenen an den Kindern und einer echten und ehrlichen Haltung ihnen gegenüber vermittelt wurden.[29]

---

[29] Manche dieser Ausführungen könnten den Eindruck erwecken, es handele sich primär um Techniken der Erfolgsvermittlung und eine Instrumentalisierung des Kindesverhaltens. Dass dem nicht so ist, zeigen die ersten Kapitel des Buches. Die Art der pädagogischen Beziehung ist und bleibt der Schlüssel zur Persönlichkeit des Kindes. Jedes Erziehungsmittel kann im Interesse des Kindes eingesetzt oder gegen das Kind für die Interessen der Eltern missbraucht werden. Bei aller Liebe zu unseren Kindern können und dürfen rationale Elemente im Erziehungsprozess nicht ausgeklammert bleiben. Ihre Beachtung kann den Entwicklungsprozess des Kindes erheblich fördern.

Lob und Belohnung entfalten ihre positive Wirksamkeit nur dann, wenn sie, zumindest in der Anfangsphase, mehrfach und **regelmäßig** parallel zum unterstützenden Verhalten, oder zumindest **unmittelbar im Anschluss** daran dargeboten werden[30]. Ein einmaliges Lob und eine einmalige Anerkennung, zudem noch mit Verzögerung nach dem Ereignis dargeboten, reichen in aller Regel in dieser Phase nicht aus, das Verhalten des Kindes in der gewünschten Weise zu beeinflussen[31]. Das ist aus allen oben angeführten Beispielen zu erkennen.

Kevin hat uns außerdem gezeigt, dass Lob und Belohnung die stärkste Wirkung haben, wenn sie auf ein **Bedürfnis des Kindes** treffen, andernfalls besteht die Gefahr, dass sie Gegenteiliges bewirken. Kevins Erfahrungen im Kindergarten belegen es. Er hatte das von den Erzieherinnen seiner Meinung nach so dahin Gesagte „Schön" satt und war dieses „Lobes" überdrüssig. Lieber nahm er echte und ehrliche Kritik in Kauf, die seine wirklich Leistung würdigte, als dieses nichts sagende „Schön". Wichtig war ihm eine ehrliche Meinung akzeptierter Bezugspersonen, wie es seine Eltern wohl für ihn waren. Von Andrea, der älteren Tochter der „Patchwork-Familie" Meyer, lernen wir gleichermaßen, dass die Wirksamkeit von Lob, Belohnung und Anerkennung von der Akzeptanz der lobenden oder belohnenden Person und des Verhältnisses zwischen ihnen und dem Kind abhängt. Wie bei der Wirksamkeit von Strafe ist die **Beziehung** zwischen Kind und Eltern bzw. ErzieherInnen ein entscheidender Einflussfaktor, der darüber entscheiden kann, ob Anerkennung, Lob und Belohnung die Bemühungen um Erziehung unterstützen oder sich ihnen entgegenstellen.

---

30 Diese Voraussetzungen liegen fast immer bei den so genannten „natürlichen" Konsequenzen vor. Daraus ergibt sich ihre starke Wirksamkeit.

31 Da wir es aber bei Kindern mit individuellen Persönlichkeiten zu tun haben, dürfen die hier gemachten Aussagen nicht zu absolut gesehen werden. Immer gibt es Unterschiede und Ausnahmen.

Zudem müssen sich Eltern auch bei einem „einfachen" Lob und einer „einfachen" Belohung immer zugleich Gedanken darüber machen, ob dieses Lob oder diese Belohnung auch auf die Interessen und Wünsche ihres Kindes treffen. Ein Kind, das keine Schokolade mag, kann nicht mit Schokolade belohnt werden.

Sollen Lob und Belohnung ihre positive Wirkung entfalten können, müssen sie in der Anfangsphase, wenn neues Verhalten aufgebaut wird, regelmäßig und kontinuierlich und auch unmittelbar im Anschluss an das zu unterstützende Verhalten dargeboten werden. Wenn und so lange die neuen Verhaltensweisen noch nicht gefestigt sind, darf die Unterstützung nicht ausbleiben, denn in dem Maße, in dem die Unterstützung ausbleibt, besteht die Gefahr, dass das Kind in der Bemühung des Lernens wieder zurückfällt. Lob und Belohnung können sich zudem nur dann positiv auswirken, wenn sie auf ein Bedürfnis des Kindes treffen. Sie sind ferner in ihrer Wirkung abhängig von der Art und Weise der Belohnung, wie auch des Verhältnisses zwischen dem Kind und seinen Eltern.

Kevins Freude am Malen war offenbar noch nicht soweit entwickelt, dass er unabhängig von der Zustimmung seiner Eltern, der Ermutigung und Unterstützung der von ihm akzeptierten Bezugspersonen, zu den Malstiften gegriffen hätte, ähnlich der Situation Inas zu Beginn ihrer Rechentätigkeit in der Schule. Im Beisein seiner Eltern fühlte er sich wohl und in seinem Bemühen unterstützt. Im Kindergarten fehlte ihm diese Unterstützung durch die Erzieherinnen. So malte er zu Hause gern, in der Tageseinrichtung machte es ihm keinen Spaß.

In dieser Situation haben Kevins Eltern die Aufgabe, ihr Kind so weit zu fördern, bis seine Freude am Malen langsam aus der Maltätigkeit selbst erwächst. Die Freude auslösende Kraft des Lobes und der Anerkennung durch seine Eltern verbindet sich dadurch, dass sie regelmäßig zusammen mit seiner Maltätigkeit auftritt, allmählich mit der Maltätigkeit selbst. So lernt Kevin, sich allmählich über die Maltätigkeit als solche zu freuen, ohne dass es eines Lobes oder einer Belohnung durch Eltern oder ErzieherInnen bedarf: „Malen macht mir Freude".

Es bietet sich jedoch hier noch eine weitere Interpretation des Geschehens an. Kevin erwartet eine Belohnung in der Form eines Lobes für seine Maltätigkeit, wie er es von seinen Eltern gewohnt ist. Die Erzieherinnen im Kindergarten entsprechen seiner Erwartung nicht. Das ist für den Jungen eine sehr unangenehme Erfahrung: Sein Bild wird nicht so gelobt, wie er es sich wünschte. Er fühlte sich durch die Erzieherinnen nicht ernst genommen und empfand sie als unehrlich. Das kommt dem Gefühl einer Bestrafung seiner Bemühungen gleich. Da sich das Kind dieser Bestrafungssituation nicht aussetzen möchte, malt er „Krickel-Krackel". Dann ist sein Gefühl für ihn wieder im Gleichgewicht, denn „Krickel-Krackel" braucht nicht belohnt zu werden. Würde die Freude des Kindes an seiner Maltätigkeit aus dieser selbst erwachsen, wäre wahrscheinlich das ungenügende Lob der Erzieherinnen nicht in dieser Weise ausschlaggebend dafür, ob er sich an der Maltätigkeit in der Einrichtung beteiligt oder nicht, denn die Freude am Malen entstünde aus der Maltätigkeit selbst, nicht aber aus der Zustimmung der Erzieherinnen.

Die regelmäßige Unterstützung und Anerkennung durch die Eltern kann dem Kind helfen, eine Motivation aufzubauen, die aus der Freude an der Tätigkeit selbst entsteht (sog. „intrinsische" Motivation). Sie hilft dem Kind, unabhängiger von der Anerkennung seiner Leistungen durch Eltern und Erzieher zu werden. Jedoch *wirkt eine erwartete, aber nicht eingetretene Belohnung stets wie eine Bestrafung*. Von der

Selbstständigkeit und Unanhängigkeit des Kindes von der Unterstützung durch Eltern oder Erzieher hängt es nun ab, wie sich das so erfahrene Bestrafungserlebnis auf das Kind und sein Verhalten auswirkt.

Was aber können seine Eltern (ebenfalls seine Erzieherinnen) tun, um Kevin so weit zu unterstützen, dass er in seinem Verhalten weitgehend unabhängig vom Lob und der Belohnung seiner Eltern wird?

Methodische Hilfen

Ein Hauptargument gegen Lob und Belohnung in der Erziehung besteht in der Auffassung, Kinder, deren Eltern Lob und vor allem Belohnung als Mittel der Erziehung einsetzten, würden abhängig davon und seien nicht mehr in der Lage, auf Lob und Belohnung zu verzichten. Das gelte vor allem für die Belohnung mit so genannten materiellen Mitteln wie Geld, Spielzeug, Kleidung, Süßigkeiten und ähnliche Formen. Dabei wird unterstellt, dass die Belohnung mit so genannten sozialen „Verstärkern" diesen Effekt nicht nach sich ziehen würde. Beide Auffassungen sind tatsächlich nicht haltbar.

Es wurde schon ausgeführt, dass ein Erziehungsmittel nicht als solches eine bestimmte, positive oder negative Wirkung hat, sondern die Wirkung abhängig ist von der Art und Weise der Anwendung.

Schauen wir uns noch einmal nach Marie um, wie sie Kontakt zu Ascan aufnahm.

Zunächst durfte Marie Ascan regelmäßig, immer wenn sie ihm begegnete, füttern. So freundeten sich allmählich beide, Kind und Hund, miteinander an, und Marie verlor langsam die Angst vor Ascan. Sobald das Verhältnis zwischen beiden etwas gefestigt war, musste Marie sich daran gewöhnen, Ascan auch zu begegnen, ohne ihn bei jeder Begegnung füttern zu können. Es sollte ja vermieden werden, dass Ascan zu Marie nur freundlich war, wenn er

Futter von ihr bekam. Umgekehrt war es ein wichtiger Lernprozess für Marie, dem Tier ohne Futter in ihrer Hand zu begegnen. So konnte Marie dem Hund nach der ersten Phase des Kennenlernens nicht mehr jedes Mal eine Futterstange verabreichen, sondern nur ein über das andere Mal[32]. Langsam lernte das Kind auf diese Weise, dass es Begegnungen gab, die ohne Füttern ablaufen mussten, aber immer wieder die Sicherheit gegeben war, ihrem Wunsche des Fütterns nachzukommen. Als sich Marie an diese Weise, Ascan zu begegnen, gewöhnt hatte, wurde der Turnus des Fütterns noch etwas weiter zurückgenommen. Nun konnte Marie das Tier nicht mehr regelmäßig nach jedem zweiten (oder weiteren) Besuch, sondern nur noch unregelmäßig füttern.

War Marie zur normalen Fütterungszeit des Tieres anwesend, durfte sie auch mithelfen, das Hauptfutter zu verabreichen. Das machte sie gern und entschädigte sie für die vielen Male, denen sie Ascan keine Futterstange geben konnte. In anderen Fällen versuchten die Eltern und Erwachsenen, Marie zu verdeutlichen, dass der Hund satt ist und nichts mehr fressen darf, weil er keinen Hunger mehr hat, und damit er nicht zu dick wird. Marie beugte sich dieser Regelung, obwohl sie natürlich oft gern anders gehandelt hätte.

Welche Wirkung hat nun das Vorgehen, wie es die Eltern und die befreundete Familie Maries praktiziert haben?

- **Verhalten, welches regelmäßig, kontinuierlich, d.h. immer wenn das Verhalten gezeigt wird, gelobt und belohnt wird („Immerbelohnung"), wird zügig gelernt, wenn in dieser Phase Lob und Belohnung nicht unterbrochen werden. Sonst verliert es sich in dem Maße, wie seine Unterstützung nachlässt. Notwendig ist diese Art der Unterstützung, wenn**

---

[32] Diese Angabe ist nicht wörtlich genau zu nehmen. Wichtig ist die „Intervall-Funktion": Füttern, Aussetzen, Füttern. Der Rhythmus sollte sich aus der aktuellen Situation ergeben.

neue Lernerfahrungen gemacht und zügig gelernt werden sollen (Ina lernt Rechnen, Kevin malt, Marie nimmt Kontakt zu Ascan auf).

- **Verhalten, welches in so genannten „Intervallen"**[33] belohnt wird, wird langsamer gelernt, ist aber auf Dauer stabiler als kontinuierlich belohntes Verhalten (Marie kann Ascan nur noch ein übers andere Mal füttern).
- **Verhalten, das „intermittierend"**[34], d.h. unregelmäßig belohnt wird, wird, wenn überhaupt, sehr langsam gelernt, ist aber sehr stabil gegen Verlernen (Marie kann Ascan nur noch unregelmäßig füttern).

Aus diesen Zusammenhängen lassen sich Erkenntnisse für die Eltern Kevins gewinnen.

Richtig war, dass sie den Jungen bei seinen Malversuchen zunächst regelmäßig mit Anerkennung, Lob und Belohnung unterstützt haben. Hat sich das Verhalten gefestigt, kann es jedoch zu erheblichen Nachteilen kommen, wenn jedes weitere Verhalten immer wieder belohnt wird. Es wurde bereits gezeigt, dass diese Art der Belohnung nicht zu einem stabilen Verhalten führt. Ja, es wäre möglich, dass Kevin die ständige Belohnung als unangenehm und störend wahrnähme. Einerseits könnte das als eine Art Strafe von ihm empfunden werden, weil diese Art Lob und Belohnung an Attraktivität für ihn verlöre („Gewöhnungseffekt") andererseits jedoch auch den Wunsch nach immer weitergehender Belohnung wecken: nach immer mehr, immer größeren, immer attraktiveren Belohnungen („Verwöhnung").

Es muss also ein Weg gefunden werden, nicht gewünschte Nebenwirkungen auszuschalten.

---

33 Intervalle: z.B.: + – + – + –; ++ – ++ –; ++ – – ++ – –; usw. (Belohnung = +, ohne Belohnung = –).

34 Intermittierend: in völlig unregelmäßigen Abständen belohnt und nicht belohnt, z.B.: + – + + + – + – + – + – + + – – –.

Dafür bietet sich ein Wechsel der Verfahrensweise an, wie sie im Falle Maries beschrieben wurde: In der ersten Phase „Immerbelohnung“, bis Kevin im Malen eine gewisse Sicherheit besitzt. Ist diese gegeben, gehen die Eltern langsam zu einer Belohnung in so genannten Intervallen über. Das ist die Phase, in der der Junge lernen kann, nicht immer eine Belohnung für sein Verhalten zu erwarten. Diese Phase ist für die Lösung aus der Erwartung, immer für das Verhalten belohnt zu werden, wichtig. Ist das Verhalten sicher gelernt und gefestigt, reicht zumeist die intermittierende, unregelmäßige Belohnung, um den Lernerfolg auf Dauer sicherzustellen.

Diese unregelmäßige, gelegentlich immer wieder vorgenommene Unterstützung des Verhaltens durch die Eltern bleibt unter Umständen lange notwendig. Sie wird erst aufgegeben werden können, wenn das Kind selbständig geworden ist und das Verhalten durch den Lernerfolg zu einer sich selbst unterstützenden Verhaltensweise wurde.

Viele sich selbst unterstützenden Verhaltensweisen (Schwimmen, Fahrradfahren, die meisten Kulturtechniken und weitere Verhaltensweisen aus dem Alltagsleben) sind durch intermittierendes Lernen zu dauerhaftem Verhalten der meisten Menschen geworden. Erfolgreiches und misslingendes Verhalten wechseln sich unregelmäßig ab. Immer wieder gibt es Erfolge und auch Misserfolge. Durch diesen Wechsel wird das Gelernte zum ständigen Besitz und festen Verhaltensrepertoire. Wir haben erfahren, dass nach einem Misserfolg immer wieder ein Erfolg steht. Diese Erfahrung hilft über Misserfolge hinweg.

Gelingt es den Eltern von Kevin, seine Freude am Malen und seine Lernerfolge auf diese Weise dauerhaft zu sichern, wird er seine Freude am Malen nicht mehr von der für ihn unzureichenden „Belohnung“ seiner Erzieherin abhängig machen.

Die Unterstützung des Lernens neuer Verhaltensweisen von Kindern geschieht zweckmäßig mit Hilfe unterschiedlicher

Verfahren. Nach kontinuierlicher Anfangsbelohnung wechseln die Eltern zu einer Belohnung in so genannten Intervallen. Diese stellen die erste Ablösung aus der Erfahrung, immer belohnt zu werden dar. Ist der Lernerfolg weitgehend gesichert, kann die nächste „Phase“ der unregelmäßigen Belohnung folgen. Erst diese sichert einen Lerneffekt auf Dauer und verhindert ungewünschte Nebeneffekte wie „Gewöhnung“ und „Verwöhnung“. Die Übergänge erfordern jedoch ein gewisses „Fingerspitzengefühl“ der Eltern. Die Übergänge und die Intervalle bzw. der Wechsel zwischen Belohnung und Nicht-Belohnung müssen dem Kind und der Lernsituation angemessen sein. Sind sie es nicht, können sich hier bereits ungewünschte Nebenwirkungen einstellen.

Ein Beispiel aus dem Familienalltag

Von ***Niclas****, dem vierzehnjährigen Sohn der Frau Donath wurde oben berichtet, dass er es mit der Ordnung nicht so genau hielt und es daher ständig Streit mit seiner Mutter wegen der Unordnung gab.*

Eines Tages überraschte Niclas seine Eltern mit dem Gedanken, einmal für die Familie das Essen zubereiten zu wollen. Alle waren überrascht und von der Idee angetan. Kartoffelplätzchen sollte es geben. Niclas sagte, er wolle seine neuen Kochkünste in seinem Ferienlager anwenden und daher üben. Frau Donath dachte an ihre Küche und wollte Niclas gerade auffordern, er solle „... nur nicht die ganze Küche mit Fett voll spritzen“, als sie sich an einige Gespräche mit ihrer Freundin über ihre misslungenen Versuche erinnerte, ihre Kinder an ihre Ordnungsvorstellungen zu gewöhnen. Daher schwieg sie und bot ihrem Sohn ihre Unterstützung an.

Das Rezept wurde besprochen, der Einkauf vorbereitet. Niclas wollte jedoch weitgehend alles allein machen: einkaufen, zubereiten, braten, servieren.

Bald stellte die Mutter fest, dass es mit dem Einkauf nicht ganz wie vorgesehen geklappt hatte, es waren nicht die besten Kartoffeln und das Fett war nicht ganz nach ihren Vorstellungen.

Seine Mutter erklärte ihm freundlich, wo die Mängel lagen, aber machte ihm die ersten Arbeiten vor und Niclas sah zu: schälen, reiben, Fett auslassen, das Braten der Plätzchen, das Warmhalten. Da Niclas nicht ganz so flink war, lag zwischen der Vor- und der Zubereitung zu viel Zeit, so dass die geriebenen Kartoffeln langsam braun wurden. Niclas lehnte jedoch weiterhin alle direkte Hilfe ab. Zuletzt waren einige Reibeplätzchen ein wenig zu salzig, manche zu weich, einige zu cross, andere richtig. Oft sah Frau Donath in der Nähe des Herdes auf den Fußboden. Dort bildete sich langsam eine Fettschicht. Auch die Küchenschränke in der Nähe sahen glänzend aus. Immer war die Mutter nahe daran, zu Niclas zu gehen und ihm die Arbeit abzunehmen oder ihm konkrete Hilfe anzubieten. „Wie soll ich das alles sauber kriegen?“ dachte sie oft bei sich. Ihre Freundin hatte ihr jedoch dringend abgeraten, in einem solchen Fall einzugreifen. Sie solle im Gegenteil jeden Schritt, der in die richtige Richtung gehe, anerkennen und positiv unterstützen. So geschah es auch. Frau Donath lobte Niclas Bereitschaft, alles selbstständig einzukaufen, zuzubereiten, den Herd zu bedienen, die Plätzchen selbständig zu braten und auch zu servieren. Seine Eltern und seine Schwester lobten ihn dafür, dass die meisten Plätzchen gelungen waren und schmeckten. Das ermutigte ihn, sein Werk auch zu Ende zu bringen. Über die Unordnung in der Küche sagten sie kein Wort. Er sah das Fett auf dem Boden ebenfalls und hatte den gleichen Gedanken wie seine Mutter „Wie soll ich das alles nur sauber kriegen?“ Doch unverdrossen backte er seine Kartoffelplätzchen.

Nach dem alle gesättigt waren und Niclas noch einmal anerkennend bestätigten, dass alles gelungen sei, stand seine Mutter auf und bot ihm an, die Küche zu säubern. Damit hatte er nun nach dem häufigen Streit um die Ordnung im Haus nicht gerech-

net. Er habe nun genug getan und solle sich ausruhen, meinte seine Mutter[35]. Davon wollte der Junge jedoch nichts wissen. Dann würde er eben bei der Säuberung mithelfen, sagte er. Das überraschte nun seine Mutter. Sie machten sich gemeinsam an die Arbeit. Zu ihrer beider Überraschung fassten nun seine Schwester und sein Vater ebenfalls an. Das Schönste war für sie am Ende die Freude an der gemeinsamen Aktion.

Am Beispiel der Familie Donath ist deutlich zu erkennen, wie Eltern ihre Möglichkeiten, Kindern neue Lernerfahrungen positiv zu vermitteln, wahrnehmen können:

- Wichtig ist, eine angenehme Atmosphäre zu schaffen, die die Bereitschaft, etwas zu lernen, unterstützt. Streit, Auseinandersetzungen, Ermahnungen sind dazu, wie bereits beschrieben, nicht geeignet. Frau Donath hat sich richtig verhalten, Niclas nicht gleich an ihre Ordnung in ihrer Küche zu erinnern.
- Da etwas völlig Neues gelernt werden soll, ist Unterweisen (Erklären oder Vorzeigen) zunächst der richtige Weg, wenn nicht aus eigener Phantasie heraus gearbeitet und gelernt werden kann.
- Anschließende Phasen der Übung sollten Eltern sorgfältig mit ihrer Aufmerksamkeit begleiten und jeden Schritt in die richtige Richtung deutlich anerkennen, loben und belohnen. Dabei sollen sie darauf achten, dass negative Kritik möglichst unterbleibt. Wenn Beanstandung notwendig ist, sollte sie positiv formuliert werden. Überhaupt sollte im Rahmen einer Beanstandung eher ein Weg in die richtige Richtung aufgezeigt, als Unpassendes unterbunden werden.

---

35 Wichtig ist hier eine sehr ehrliche Aussage der Mutter. Sie darf ihre Hilfe nicht um ihrer Sorge willen anbieten, Niclas könnte die Küche nicht ordentlich genug hinterlassen. Das würde der Junge auf dem Wege über Mimik und Gestik der Mutter schnell herausfinden. Der pädagogische Schaden wäre dann kaum zu beheben.

- Wichtig ist die Unterstützung des Lernens nach den Grundsätzen der unterschiedlichen Verfahren.
- Erst der Erfolg des Lernens schafft die Voraussetzungen für eine intrinsische Motivation.
- Ganz wichtig: Lob und Belohnung sollte eingesetzt werden, **damit** etwas gut gemacht werden kann. Nicht erst den Ausgang des Lernvorganges abwarten, um dann eine positive Leistung zu loben, **weil** etwas gut gemacht worden ist.

Der Kreislauf der positiven und negativen Folgen

Anerkennung, Lob und Belohnung setzen oft einen Kreislauf in Gang, ebenso wie Bestrafung. Diesen Kreislauf zu erkennen, ist für Eltern von besonderer Bedeutung. Kann er doch bei positivem Verlauf eine wirksame Unterstützung für alle Eltern bedeuten. Bei negativem Ausgang dagegen eine besondere Erschwernis. Ist so ein Kreislauf erst einmal aktiv, bereitet es, wenn negative Folgen zu erwarten sind, große Schwierigkeiten, ihn zu unterbrechen. Bei positiven Folgen haben die Eltern hingegen allen Grund zur Freude, erleichtert er ihnen die Erziehungsbemühungen doch sehr.

Zunächst soll ein positiver Kreislauf, wie er schon durch Inas Bemühungen, Rechnen zu lernen, bekannt ist, beispielhaft vorgestellt werden.

Der Kreislauf kommt hier im ersten Beispiel durch die ihm innewohnenden positiven Nacheffekte („Folgen“) zu Stande. Sie bewirken eine Selbstverstärkung: Der angenehme Nacheffekt, den z. B. Ina und ihre Lehrerin erleben, motiviert zu der Bestrebung, angenehme Folgen erneut zu erfahren[36].

---

[36] Auch hier gilt das oft Gesagte: Jedes Kind erlebt Folgen anders. Eine strikte Vorhersehbarkeit ist nicht gegeben. Je besser Eltern ihr Kind kennen, um so eher können Folgen annähernd abgeschätzt werden.

Ina lernt rechnen

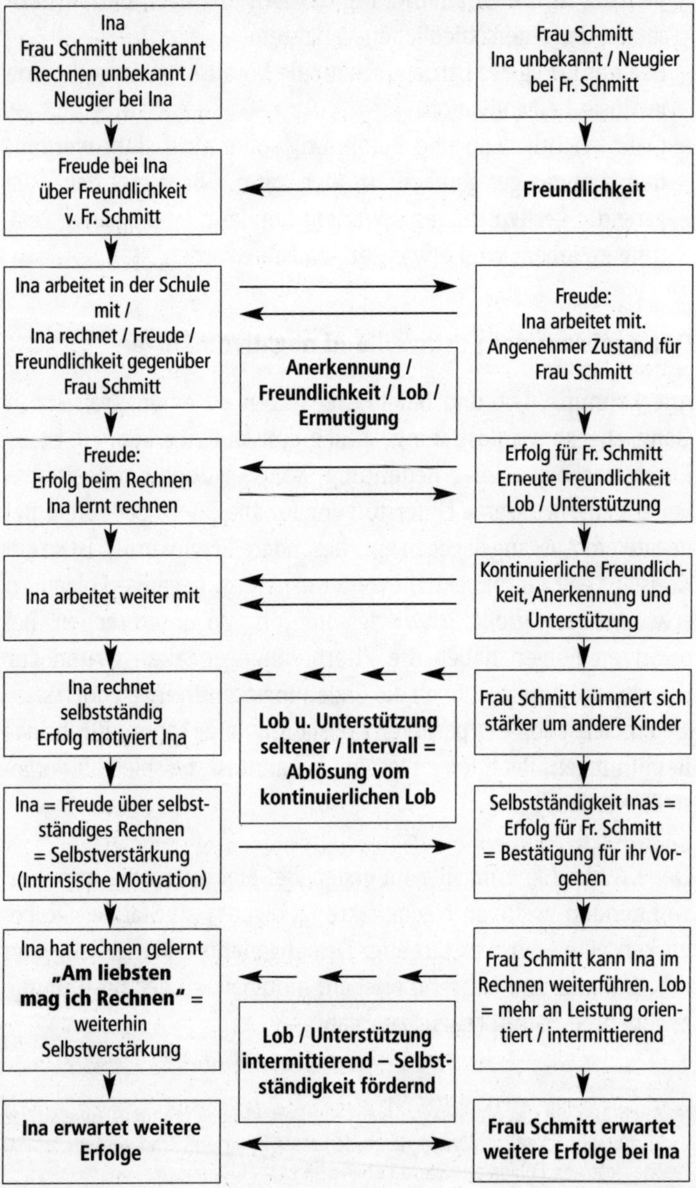

Scheinbar sind Lob, Belohnung einerseits und Bestrafung andererseits völlig entgegengesetzte Erziehungsmittel. Die einen mit positiver, die anderen mit negativer Wirkung. Dass diese Sichtweise nicht haltbar ist, wurde bereits erwähnt. Gemeinsam ist jedoch beiden, dass sie Folgen nach sich ziehen. Je nachdem, wie diese Folgen ausfallen, können sich Belohnung und Bestrafung auch gegenseitig ergänzen. Im Alltag sind sich Eltern und Kinder dieser Folgen oft nicht bewusst. Trotzdem zeigen sie entsprechende Wirkung.

Erinnern wir uns an Marcus. Marcus wollte nicht essen, seine Mutter wurde ärgerlich und nervös. Das war wohl eine unangenehme Folge für die Mutter durch Marcus' Verhalten, weil sie sich vorgenommen hatte, mit ihrem Sohn einkaufen zu gehen. Er ließ sich nicht beeindrucken. Schließlich gab die Mutter dem Kampf mit Marcus nach und konnte einkaufen.

Sowohl für Marcus wie für seine Mutter hatte das Ergebnis Folgen. Beide machten Lernerfahrungen, die in der nachfolgenden Übersicht verdeutlicht werden. Diese Übersicht zeigt zugleich, wie eng angenehme und unangenehme Folgen, also Belohnung und Bestrafung beieinander liegen können. Es kann ein Kreislauf entstehen, wenn sie sich gegenseitig unterstützen und ergänzen.

Lob und Belohnung erscheinen mitunter in einem Gewand, das ihre Wirkung nicht sogleich erkennen lässt. Hier wechseln sie sich mit Bestrafung ab und vereinigen sich zu einem fatalen Kreislauf: Marcus und seine Mutter führen einen „Kampf", der zunächst mit dem Versuch gegenseitiger Bestrafung[37] beginnt, um den anderen zur Aufgabe seiner Haltung zu bewegen: Marcus will nicht essen und bleibt vor seinem Teller sitzen. Seine Mutter möchte ihn zum Essen bewegen, droht mit scharfem Ton den Entzug des Desserts

[37] Zum Begriff der „Strafe" und „Bestrafung" vgl. Anmerkung 22.

Unbeabsichtigte Belohnung nicht gewünschter Verhaltensweisen

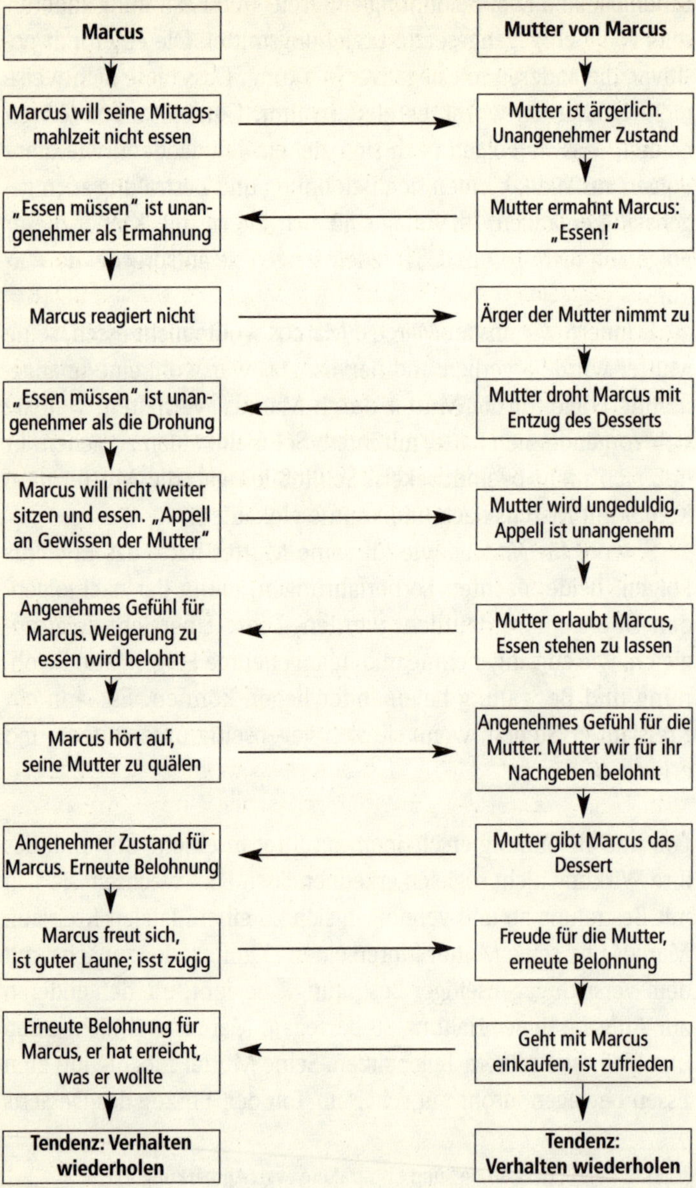

an und untersagt ihm das Aufstehen. Sie lockt mit dem Einkauf, wenn der Teller leer ist. Für die Mutter ist es eine ausgesprochen unangenehme Folge, dass Marcus nicht isst. Sie fühlt sich in der Durchführung ihrer Planung stark behindert und wird ärgerlich.

Nun, da beide sehen, dass sie so, mit Bestrafung, ihr Ziel zu erreichen, nicht weiterkommen, schlagen ihre Versuche unversehens in gegenseitige Belohnung um. Die Mutter gibt als Erste nach. Sie erlaubt, das Gericht stehen zu lassen und gibt Marcus das Dessert. Marcus zeigt sich erkenntlich, hört mit dem Quengeln auf und isst zügig seinen Nachtisch. Beide können nun zum Einkauf gehen.

Marcus hat sich mit Erfolg dem Bestreben seiner Mutter widersetzt. Die Konsequenz, mit der der Junge seinen Willen durchgesetzt hat, lässt auf Erfahrung bei dieser Art des Vorgehens schließen. Seiner Mutter scheint diese Art der Erfahrung ebenfalls nicht fremd zu sein. Ihr Nachgeben ermöglicht ihr, die vorgesehene Planung des Aufräumens und Einkaufens wahrzunehmen. Die Wahrscheinlichkeit ist groß, dass durch diese Erfahrung jeder in seiner Verhaltensweise gefestigt und sich in einem nächsten Fall in gleicher oder ähnlicher Weise wieder so verhalten wird.

Im Alltag einer Familie gibt es viele von diesen Kreisläufen. Oft können sie ohne fremde Hilfe nicht unterbrochen werden. Ein erster Schritt in die richtige Richtung ist es aber, zu erkennen, wann und wo sich Eltern und Kinder in solch einem Kreislauf befinden oder sich auf ihn zubewegen.

6. Kapitel: Lob und Belohnung: Arten und Formen

Lob

Schaut man sich Daniels Verhalten während der Bauzeit des elterlichen Hauses an, fällt auf, dass das Kind für viele seiner Tätigkeiten Lob, Belohnung und Anerkennung erhielt. Da war das **Lob**[38] seiner Spielgefährten, wenn ihnen etwas gut gefiel, was Daniel gemacht oder vorgeschlagen hatte und das seiner Eltern für seine Tätigkeit, aber auch das Lob seiner Nachbarn: *„Du bist aber ein fleißiger Arbeiter“*, oder: *„Wenn du so kräftig arbeitest, wirst du aber einmal groß und stark“*, hörte er oft von ihnen. Die Geduld seines Vaters und seine Rücksichtnahme auf die geringeren Kräfte und die geringere Leistungsfähigkeit waren ebenfalls Lob und Anerkennung zugleich. Auch in der Dankbarkeit der Nachbarn gegenüber Daniel kommt Lob zum Ausdruck.

Lob hat eine ausgesprochen positive Wirkung auf das Verhalten, wenn die zu lobende Tätigkeit oder Haltung verbal in das Lob einbezogen wird und dadurch das Lob besondere Glaubwürdigkeit genießt. Zudem ist es dann immer auch ein Element kognitiver Erziehung. Das Kind erhält die Möglichkeit, über das eigene Tun nachzudenken und innerlich Stellung zu nehmen. Beschreibendes Lob hat im Allgemeinen eine effektivere Wirkung als beurteilendes.

---

38 Zur Begriffsbestimmung vgl. Seite 86.

Genau dieses Element des beschreibenden Lobes durch seine Erzieherinnen fehlte Kevin bei der Betrachtung seiner gemalten Bilder.

Lob gehört in der Systematik der Formen der Belohnung nicht zu ihren „primären" Elementen. Die Bedeutung eines Lobes muss von einem Kind erst erfahren, bzw. erlebt werden. Es muss zunächst seine eigene Wertung finden. So kommt es, dass Kinder, die Lob durch Menschen erfahren, von denen sie sich geliebt fühlen, Lob anders aufnehmen als Kinder, die die Erfahrung durch Menschen machen mussten, deren Liebe sie sich nicht sicher sein konnten oder von denen sie sich abgelehnt fühlten.

Von daher ist Lob nicht gleich Lob. Es spielt sowohl beim Loben als auch beim Strafen eine große Rolle, in welcher emotionalen Beziehung zum Kind der Lobende wie der Strafende steht.

Unter der Voraussetzung, dass ein Kind Lob durch eine akzeptierte, geachtete oder gar geliebte Person nicht nur in Ausnahmesituationen erfährt, kann Lob, vor allem unerwartetes, Kinder selbstsicherer, selbstbewusster, offener und zuversichtlicher machen. Dem Kind fällt es leichter, ruhiger, freier, freundlicher zu sein, sowie Schwierigkeiten und Fehler eher einzugestehen. Lob unter diesen Voraussetzungen hilft, auch andere (z. B. Freunde, Eltern) zu loben und anzuerkennen. Auch Fragen und Kritik gegenüber kann es ruhig und sachlich bleiben. Lob hilft, sich anzustrengen, Engagement, Anteilnahme und Entgegenkommen zu zeigen, sich zu identifizieren und sich durchzusetzen. Ebenso werden durch Lob Grundlagen für Toleranz, Kooperationsfähigkeit und Flexibilität gelegt. Lob kann die Leistungsfähigkeit eines Kindes erheblich steigern.

Materielle Belohnung

Daniel erfuhr aber nicht nur Lob. Andere Arten von Belohnungen gehörten ebenso zu seiner Erfahrung. Da waren die Arbeitskleidung, die Handschuhe und der Helm, die ihm von den Eltern geschenkt wurden, ferner sein Werkzeug: Eimerchen, Schippchen, Hämmerchen und eine Menge anderer Dinge, die das Kind in seinem Wunsch, ein starker Arbeiter zu werden, unterstützten. Schokolade und Geld erhielt er des Öfteren von seinen Nachbarn, die dadurch ihre Anerkennung für das Bemühen des Kindes ausdrückten, die Restmülltonnen wieder zurück zu setzen.

Alle diese Anreize gehören zu der großen Gruppe der materiellen Belohnungen.

Viele der materiellen Anreize befriedigen so genannte primäre Grundbedürfnisse wie Essen: Nahrung, besonders süße wie Zucker, Schokolade (Carlotta und Alwin!), Bonbons, Eis, süßes Dessert (Marcus!); Trinken: Wasser, (gesüßter Tee!); Schlaf, Bedürfnis nach Wärme, Schutz, Körperkontakt. Sie gehören zu den primären Anreizen und Belohnungen und wirken, wenn sie ein primäres Bedürfnis befriedigen, direkt und unmittelbar, ohne Zutun des Erziehers. Sie üben, wie erwähnt, eine grundsätzlich kräftige Wirkung aus durch ihre unmittelbaren angenehmen Folgen, die sie nach sich ziehen. Das ist im obigen Beispiel des Kindes Marcus so. Ebenso bei den Kindern Carlotta und Alvin, auch bei Daniel, wenn er Schokolade durch die Nachbarn erhält. Diesen Umstand sollten auch alle Eltern berücksichtigen, wenn sie ihrem schreienden oder quengelnden Kind süßen Tee zur Beruhigung verabreichen!

Weitere Arten von materiellen Belohnungen, so genannte **sekundäre materielle Belohnungen**, müssen vom Kind erst in seiner eigenen Lerngeschichte als angenehme, lohnende Motive, Anreize oder Belohnung erfahren werden, um eine entsprechende positive Wirkung zu zeigen. Kaum einem Kind oder Jugendlichen schmecken Zigaretten, Alkohol oder Drogen auf Anhieb. Aber durch die regelmäßige Koppelung mit anderen angenehmen Gefühlen wie „erwachsen zu sein“, „dazu zu gehören“, „anerkannt zu sein“, nicht als „Feigling“ angesehen zu werden, eine „Mutprobe“ zu bestehen u. ä. übertragen sich die angenehmen Gefühle auf Zigaretten, Drogen oder Alkohol, die danach als angenehm empfunden werden. Die berauschende Wirkung führt später nach weiterem Genuss zur Selbstverstärkung (intrinsische Belohnung, gekoppelt mit weiterer sozialer Verstärkung). Die Art und Weise, wie diese Lernerfahrung erfolgt, haben wir mit Ina kennen gelernt, als sie in der Schule die Erfahrung machte, dass sie Rechnen am liebsten mag. Ursprünglich neutrale Anreize werden mit Gefühlen und Emotionen assoziiert. Diese Art der Lernerfahrung kann sich jedoch, wie oben angeführt, nicht nur auf immaterielle Güter wie Rechnen, sondern auch auf materielle Güter erstrecken. Oft haben Eltern damit zu kämpfen, dass ihre Kinder angenehme Erfahrungen mit bestimmten materiellen Gütern (Markenkleidung, Spielwaren, jedoch auch Drogen, Zigaretten, Alkohol) machen, die den Eltern nicht wünschenswert erscheinen.

In dieser Gruppe der sekundären materiellen Belohnungen zeigen sich große Unterschiede, weil es große Unterschiede in den Lernerfahrungen der Kinder gibt. Für Daniel gehörten seine Arbeitskleidung, sein Werkzeug dazu. Andere Kinder könnten mit diesen Dingen vielleicht nichts anfangen. Es würde nichts bringen, ihre Anstrengungen damit belohnen zu wollen. Bestimmte Nahrungsmittel gehören zu dieser Gruppe, aber ebenso Spielmaterial, Musikinstrumente, Gebrauchsgegenstände, Bekleidung. Hier, wie aber auch bei primären materiellen Anreizen, ist eine differenzierte Lerngeschichte bei Kindern festzustellen, weil es viele Unterschiede gibt in der Geschmacksausbildung, in den Vorlieben bei Bekleidung, bei Spielmaterial und anderen Dingen.

*Der kleine **Christian** kannte das ganze Straßenbahnsystem seiner Stadt. Ihm konnten seine Verwandten eine große Freude machen, wenn sie ihm ihre entwerteten Fahrausweise als Geschenk mitbrachten. Muscheln lieben wiederum manche Kinder, anderen bedeuten sie, wie auch vor allem die entwerteten Fahrausweise, nichts.*

Wir können also feststellen, dass selbst bei einer gewissen Gleichartigkeit von Erfahrungen der Spielraum für Individualität immer erhalten bleibt. Nur dann, wenn Eltern diesen Spielraum ihres Kindes kennen, können Belohnungen ihnen bei der Erziehung ihres Kindes zutreffend helfen. Es liegt, wie schon oft betont wurde, häufig in der Hand der Eltern, ob Erfahrungen ihrer Kinder einen positiven oder negativen Effekt mit sich bringen.

Materiellen Belohnungen stehen viele Eltern und Pädagogen mit großer Skepsis gegenüber, weil sie die Gefahr sehen, ein Kind könnte zu sehr auf materielle Belohnungen fixiert werden, was sicher kein wünschenswertes pädagogisches Ziel ist.

Grundsätzlich laufen jedoch alle Arten von Belohnungen Gefahr, Kinder auf Belohnungen zu fixieren. Das gilt für materielle wie auch für alle anderen Belohnungen, vielleicht mit der Ausnahme intrinsischer Motive, die als Belohnung aus der Beschäftigung mit der Sache selbst (Selbstverstärkung, Eigenverstärkung) erklärt werden können. Jedoch ist auch hier keine Gewähr gegeben, wie mannigfaltige Süchte nach Extremerfahrungen (Extremsport, Drogen, Alkohol) zeigen.

Wie schon ausgeführt, liegt keinem Erziehungsmittel eine Wirkung „an sich" inne. Immer hängt sie von der Art und Weise der Anwendung ab. Wenn mit Belohnungen, und dazu zählt hier auch das Lob, gearbeitet wird, müssen bestimmte Bedingungen beachtet werden, die oben (Methodische Hilfen) näher beschrieben wurden. Wer Belohnungen als Erziehungsmittel einsetzt, darf nicht vergessen, nach anfänglicher kontinuierlicher Belohnung die Voraussetzungen dafür zu schaffen, dass sich das Kind wieder aus der Erfahrung, belohnt zu werden, herauslösen kann (Übergang zu intermittierender und intrinsischer Belohnung).

***Nico** besaß ein altes Fahrrad. Gern wäre er mit einem neuen gefahren, wie seine Freunde auch. Er wusste jedoch, dass er in der* *nächsten Zeit kein neues Fahrrad erhalten würde. Nico war im Englischen in der Schule nicht gut. Es machte ihm große Mühe, und sehr motiviert war er nicht. Nachdem er sich eine Zeit lang besonders angestrengt hatte, fiel die nächste Klassenarbeit außergewöhnlich gut aus. Seine Eltern wollten ihm nun eine große Freude machen und seine Leistung belohnen. Sie schenkten ihm deshalb zusammen mit seinen Großeltern das gewünschte neue Rad. Nico unternahm in der Folgezeit besondere Anstrengungen, um die gute Leistung im Fach Englisch zu halten, und seine Eltern nahmen sich vor, ihm diese guten Leistungen hin und wieder mit einer Überraschung zu belohnen.*

Belohnung, so wurde gesagt, muss subjektiv angemessen sein, sie muss dem Bedürfnis des Kindes entsprechen, sonst fehlt ihr die notwendige Wirksamkeit. Weiterhin ist die Wirkung einer Belohnung dann besonders groß, wenn sie unerwartet auftritt. Nico hatte nicht erwartet, dass seine Eltern ihm wegen seiner Leistungen in Englisch je ein Fahrrad schenken würden. Daher kann man davon ausgehen, dass diese positive Überraschung mitgeholfen hat, ihn zu seinen nachfolgenden Anstrengungen zu motivieren. Ebenso wird die Tatsache seines eigenen unerwarteten Erfolges, die wahrscheinlich auf seine Anstrengungen zurückzuführen ist und im Ansatz eine intrinsische Belohnung darstellt, dazu beigetragen haben. So sind hier bereits zwei Anreize zu entdecken, die den Jungen zu weiteren Leistungen motivieren könnten. Sicher aber haben die Eltern, nach Zeiten, in denen Nico für seine Englischleistungen wohl eher Kritik von ihnen geerntet haben dürfte, auch ihre Freude über die positive Leistung zum Ausdruck gebracht. Sofern dem Jungen die Auffassung seiner Eltern wichtig ist, liegt hier ebenfalls wahrscheinlich ein unerwartetes Lob für Nico vor. Hinzu kommen freundliche Gesten und unterstützende Mimik. Alles in allem also ein kleines „Paket“ anerkennender und unterstützender

Maßnahmen, auf deren positive Wirkung bei Nico vertraut werden darf.

Kritiker materieller Belohnung mögen darüber nachdenken, dass materielle Belohnung, wie hier am Beispiel Nicos gezeigt, selten allein auftreten dürfte. Es sei denn, die Eltern beschränken ihre Belohnung allein auf die materiellen Dinge. Jedoch wird dann die ganze Belohnung fragwürdig und dürfte schnell in ihr Gegenteil abrutschen, bleibt doch in diesem Falle die positive emotionale Beziehung zwischen Eltern und Kind auf der Strecke. Wir stellten eingangs aber fest, dass diese Beziehung überhaupt die Grundlage allen pädagogischen Handelns ist und dass ohne sie pädagogisches und menschliches Handeln in der Beziehung zwischen Eltern und Kind schlechthin unmöglich wird. Belohnung darf in einer von Wärme und Liebe getragenen Beziehung zwischen Eltern und Kind immer nur unterstützende Wirkung haben und Ausdruck der Anerkennung der Person oder der Leistung des Kindes sein. Dort, wo es Eltern oder Erzieher auf die materielle Belohnung allein ankommt, wo sie sich praktisch mit der materiellen und durch die materielle Belohnung aus anderen Aspekten der Beziehung herauszulösen versuchen oder bereits herausgelöst haben, bedarf es dringend einer Erneuerung der menschlichen und pädagogischen Aspekte der Beziehung zwischen Eltern und Kind.

Andererseits aber kann auch die materielle Belohnung der Schlüssel und die Initialzündung für verändertes Verhalten des Kindes sein, wenn gerade sie auf ein dringendes Bedürfnis des Kindes trifft.

Materielle Belohnungen unterliegen, wie alle anderen auch, einem gewissen Gewöhnungsprozess. Je öfter sie in der gleichen Weise angewendet werden, umso weniger attraktiv werden sie für das Kind. Daraus kann ein „immer mehr", „immer öfter", „immer teurer", „immer attraktiver" werden, wenn die Eltern die

Grundregeln nicht beachten, die schon der kleinen Ina zu der Erkenntnis verhalfen: „Rechnen gefällt mir am besten“.

Von daher ist zu beachten, dass Art und Form von Belohnungen wechseln. Immer müssen sie aber Ausdruck der Anerkennung des Kindes und dessen Bedürfnissen angepasst sein, sonst verfehlen sie ihre Wirkung.

Soziale Belohnung

Wenn von anderen als materiellen Belohnungen gesprochen wird, werden darunter vor allem Anreize und Belohnungen sozialer Art verstanden, aber, und das ist besonders für Kinder von Bedeutung, auch die Erlaubnis für vom Kind geliebte Aktivitäten und Beschäftigungen, bestimmte Formen der Beteiligung sowie so genannte „symbolische“ Belohnungen.

Daniels Geschichte zeigt uns einige Formen sozialer Belohnungen. Da ist die **Aufmerksamkeit**, die als oft unbewusster Anreiz und unbewusste Belohnung eine ganz besondere Rolle bei Kindern (und auch Erwachsenen) spielt. Daniel wurde von vielen Menschen seiner Umgebung Aufmerksamkeit geschenkt: Von den Nachbarn, den Müllwerkern, seinen Eltern und Freunden. Wolfgang schenkte Daniel nahezu eine ganze Stunde seiner Aufmerksamkeit wegen dessen Überzeugung, dass nur Männer Arbeiten auf einer Baustelle verrichten können! Marie erhielt die ganze Aufmerksamkeit ihrer Eltern und der Familie R., wenn sie versuchte, Ascan zu füttern. Vermisst ein Kind die regelmäßige Aufmerksamkeit eines Elternteils oder Erziehers, kann allein die Aufmerksamkeit, die dem Kinde sogar zugleich mit jeder Bestrafung zuteil wird, Anreiz und „Belohnung“ bedeuten.

*Das ist bei **Jonas** (9 Jahre) zu erkennen, der sich in der Schule in seine Lehrerin „verliebte“, bei dieser aber nahezu keine Be-*

achtung fand. Jonas störte nun so lange den Unterricht, bis sich die Lehrerin ihm zuwandte und ihn für sein Verhalten bestrafte. Das geschah immer wieder, bis mit Hilfe einer Beratung der Zusammenhang geklärt wurde und die Lehrerin ihr Verhalten änderte. Nun schenkte sie Jonas dann deutlich ihre Aufmerksamkeit, wenn er nicht störte und sich aktiv am Unterricht beteiligte.

Der kleine ***Max****, 2 ½ Jahre alt, hat von seiner größeren Schwester gelernt, Grimassen zu schneiden. Mit den Zeigefingern zieht er die Tränensäcke seiner Augen sehr weit hinunter und gleichzeitig mit den Daumen die Mundwinkel weit auseinander und nach oben. Beobachtet man dabei seine Umgebung, kann man feststellen, dass kaum jemand in der Lage ist, Max keine Aufmerksamkeit zu schenken. Man sieht Max an, dass er diese Augenblicke regelrecht genießt.*

Aufmerksamkeit ist es auch, die den Gebrauch von Kraftausdrücken bei Kindern festigt. Hierbei besteht kaum eine Möglichkeit, die Kraftausdrücke der Kinder vollständig zu ignorieren. Das müsste immer und zu jeder Zeit durch alle Personen geschehen, die damit konfrontiert werden. So etwas ist in der Praxis kaum je zu erreichen.

Zuwendung, körperliche Nähe und Berührung werden ebenfalls von Kindern als Anreiz und Belohnung erfahren und zählen zu den sozialen Belohnungen: Marie floh anfangs immer wieder auf den Arm ihrer Eltern, wenn Ascan ihr zu nahe kam. Diese Sicherheit gab ihr die Möglichkeit, sich dem Tier weiter zu nähern.

Kinder, die nicht allein in ihrem Bettchen schlafen wollen und deshalb in das Bett der Eltern kriechen, erfahren dadurch immer wieder die körperliche Nähe ihrer Eltern als positiven Nacheffekt ihres Unwillens, allein in ihrem Bett zu bleiben. Da auch die Eltern in der Regel diese Art Nähe und Wärme ihres Kindes schätzen, beginnt dadurch ein Kreislauf gegenseitiger Anreize, der nur schwer unterbrochen werden kann, weil sowohl das Kind wie seine Eltern, wenn man es so ausdrücken will, eine Belohnung durch diese gegenseitige Nähe und Wärme für ihr Verhalten erfahren.

Hinzu kommt, dass Eltern dadurch die ständige Unruhe und das Schreien des Kindes, welches aus seinem Bett aufgenommen werden will, abstellen können.

Soziale Belohnungen gehören zu den gelernten Belohnungen und sind damit Ausdruck der Lerngeschichte des Kindes. Es wurde bereits betont, dass es stark vom Verhalten der Eltern abhängt, welche Verhaltensweise, welche Aktivität oder Beschäftigung, welchen Zustand oder auch welchen Gegenstand ein Kind für sich als Anreiz und Belohnung empfindet. Besonders in den ersten Jahren steuern die Eltern die Empfindungen und Vorlieben (wie auch entsprechende Abneigungen) ihres Kindes durch ihre Zuwendung, körperliche Nähe oder durch Berührungen.

Vielen Kindern macht es Freude, in der Nähe der Mutter zu spielen, in der Küche dabei zu sein, der Mutter „im Haushalt" zu „helfen". Manche Mutter fühlt sich dadurch im Fortschritt ihrer Arbeit gestört. Oft geht eine Chance, Arbeiten im Haushalt kennen und lieben zu lernen, dem Kind dadurch verloren. Daniel hat Arbeiten außerhalb des Haushaltes lieben gelernt, Niclas hatte erst spät die Möglichkeit, den Reiz und die Vorzüge des Kochens für sich zu entdecken. Ina konnte ihre ersten Schritte im Rechnen mit Hilfe der angenehmen Zuwendung ihrer Lehrerin machen.

Aufmerksamkeit, Spielverhalten, Selbstwertgefühl, Selbstsicherheit, Anstrengungsbereitschaft, ja nahezu alle sozialen Kompetenzen sowie das Lern- und Leistungsverhalten werden über soziale Anreize und Belohnungen gelernt, von der Geburt des Kindes an bis in seine Erwachsenenzeit hinein. Vieles läuft über Zuwendungsverhalten der Eltern, wobei Mimik, Gestik, körperliche Nähe und Berührung eine besonders große Rolle spielen.

Wie hier schon deutlich wurde, ist eine soziale Belohnung nahezu nie allein zu erkennen. Immer ist es ein Bündel von sozialen Anreizen. Das macht ihre Stärke und Wirksamkeit aus. Auf der anderen Seite sind alle diese Faktoren für Eltern und Erzieher schwer zu kontrollieren. Wie oft geschieht es, dass der Mund sagt: „Das hast Du aber schön gemacht", während die Mimik dem Kind die wahre Auffassung verrät: „Das hättest Du aber sorgfältiger machen können". Solche doppeldeutigen Botschaften sind kein Lob und keine Anreize für das Kind, sich anzustrengen, sondern verunsichern und lassen das Kind mit seinen Gefühlen allein. Kinder haben eine besondere „Antenne" für die wahren Gefühle der Eltern, sind sie doch existenziell von diesen Gefühlen abhängig. Jedoch, wie sollen Kinder auf doppeldeutige Botschaften der Eltern reagieren? Eine wirksame Hilfe und Belohnung für Kinder sind sie nicht.

Die Erlaubnis für eine vom Kind geliebte Aktivität oder Beschäftigung kann eine echte Belohnung für das Kind bedeuten. Spielen mit Spielkameraden, einen Freund besuchen, einen Ausflug machen, schwimmen gehen, klettern, Kuchen backen, in der Küche helfen, ins Kino gehen. Diese Liste ließe sich lange fortführen. Alles über Belohnungen Gesagte gilt auch hier. Jedoch genießt diese Art Belohnung einen besonderen Vorzug. Kennen die Eltern eine solche vom Kind geliebte Aktivität und lässt sie sich in der Situation konkret umsetzen, können sie sich der Wirksamkeit des ausgewählten Mittels ziemlich sicher sein. Auch können sie die Maßnahme ankündigen, für den Fall, dass ihr Kind bestimmte Voraussetzungen erfüllt. Dadurch wird ein direkter Zusammenhang hergestellt zwischen der in Aussicht gestellten Belohnung und dem Verhalten des Kindes. Dennoch ist auch hier Abwechslung angesagt, denn ein Gewöhnungseffekt kann sich hier ebenfalls einstellen. Überhaupt benötigen Eltern gutes Fingerspitzengefühl bei der Auswahl ihrer Anreize. So lange jedoch darauf geachtet wird, dass eine Belohnung ein Bedürfnis des Kindes beantwortet, können sie sich auf der sicheren Seite wähnen. Das hindert Eltern und Erzieher auch daran, Belohnungen zu missbrauchen.

Eltern haben in diesem Bereich ganz besondere Einflussmöglichkeiten, Kinder an Aktivitäten und Beschäftigungen heran zu führen, ihnen auch Gelegenheiten zu Primärerfahrungen zu geben. Da sind zu nennen: der Umgang mit Geld, Verantwortung für Gegenstände, Pflanzen und Tiere; Verhaltensweisen, die sich auf ihre eigene Person beziehen wie Anziehen, Gesundheits- und Körperpflege; Umgang mit Haushaltsmitteln und -gegenständen; Abfallbeseitigung; ebenso Verantwortung für ihr eigenes Zimmer oder ihren eigenen Spielbereich; Tätigkeiten für die ganze Familie wie Erzählen, Lesen, Zuhören, Musizieren; auch Sport treiben, den Zoo oder einen Freizeitpark besuchen, miteinander spielen und vieles andere mehr. Ist ein Kind noch klein, kann es sich für nahezu alle Arbeiten begeistern. Das Schicksal dieser Begeisterung liegt danach weitgehend in der Hand der Eltern. Von den Erfahrungen des Kindes hängt es ab, ob es solche Tätigkeiten als Belohnung oder als Belastung empfindet.

Eine besondere Frage vieler Eltern gilt dem Fernsehen, DVD-Playern, den Computerspielen sowie ähnlichen Medien. Können Fernsehen und Computerspiele als Belohnung eingesetzt werden? Sollten Eltern ihrem Kind „zur Belohnung" ein Computerspiel schenken? Unter Beachtung der schon mehrfach angesprochenen Grundsätze: Ja! Wie bei allen Erziehungsmitteln hängen die Wirkung des Fernsehens und der Computerspiele von der Art und Weise des Umgangs mit ihnen und, wegen des Modellcharakters der Inhalte, ebenfalls von der Lerngeschichte des Kindes ab. Für sich selbst gesehen sind sie, sieht man von bestimmten, inhaltlich hohlen oder gar menschenverachtenden Inhalten ab, weder als positiv noch als negativ zu bewerten. Und solche menschenverachtenden Inhalte sollten Eltern ihren Kindern nicht als „Belohnungen“ zumuten. Die Verteufelung dieser Medien verschiebt jedoch allzu oft die Verantwortung der Eltern auf die Medien. Das wird sowohl in der Erziehung als auch in der Politik oft übersehen.

Wie schon bei den materiellen Belohnungen ausgeführt, kann auch eine Belohnung mit der Erlaubnis, eine Fernsehsendung bzw. einen Film zu sehen oder ein Computerspiel zu spielen, Schlüssel und Initialzündung für verändertes Verhalten des Kindes sein, wenn sie, und gerade sie auf ein dringendes Bedürfnis des Kindes trifft. Das gilt vor allem dann, wenn sich Eltern dazu durchringen können, die Sendung zusammen mit ihrem Kind zu sehen oder das Spiel zusammen mit ihrem Kind zu spielen, sofern sie sicher sein können, dass sich ihr Kind darüber freuen wird. Stellten wir doch fest, dass ein Ereignis, welches zu einem unerwartet guten Resultat geführt hat, weiterverarbeitet und mit höherer Wahrscheinlichkeit gespeichert wird.

Symbolische Formen der Belohnung

Symbolische Belohnungen sind solche, deren Bedeutung sich erst aus der Zuschreibung eines Wertes ergibt. Klassisches Beispiel ist die Münze. Vom Materialwert her betrachtet ist der Wert einer Münze nicht beachtlich. Erst durch die Eigenschaft, diese Münze gegen einen „echten“ Wert, z.B. Waren, Süßigkeiten, Spielzeug, CDs, eintauschen zu können, erhält sie ihre Bedeutung. Klassische symbolische Belohnungen sind Geld (Münzen, Scheine, usw.), Chips, „Fleißkärtchen“, Glanzbilder, Briefmarken, Spielkarten u.ä.

Münzen („Token“) wurden als Belohnung mit großem Erfolg vor allem bei stark verhaltensauffälligen Kindern und Jugendlichen eingesetzt. Diese konnten die Münzen dann jeweils gegen einen anderen Wert tauschen.

Symbolische Belohnungen sind auch deshalb beachtenswert, weil gegen sie nicht nur materielle Belohnungen (Waren) eingetauscht werden können, sondern sie als positiven Nacheffekt die unterschiedlichsten sozialen Belohnungen mit sich bringen. So sind Macht und Einfluss einige der am stärksten beachteten sozialen Attribute in ihrem Gefolge.

Am aktuellen Beispiel der Yu-Gi-Oh Spielkarten, die sich bei Kindern großer Beliebtheit erfreuen und materiell völlig wertlos sind, ist dieser Nacheffekt zu verdeutlichen: Es ist Ziel des Spiels, die „Lebenspunkte" des Gegners (zu Beginn des Spiels 2000 für alle Spieler) auf „Null" zu bringen und ihn dadurch möglichst vollständig auszuschalten. Das geschieht mit unterschiedlichen Karten in unterschiedlichen Situationen. Wer die „besten" Karten hat und die Lebenspunkte des „Gegners" am geschicktesten als erster auf „Null" bringt, gewinnt das Spiel und genießt das höchste Ansehen. Belohnt wird in diesem Spiel, von wenigen Ausnahmen abgesehen, aggressives und unsoziales Handeln, während Hilfsbereitschaft und Freundlichkeit Verhaltensweisen sind, die sich nicht auszahlen. Stärke, Hinterlist, Macht, Kontrolle des „Geistes", der „Seele" und der Gedanken beliebiger Menschen und ihrer geheimsten Wünsche und Ängste sowie das Einsperren der Menschen für die „Ewigkeit" sind die wünschenswerten Ziele des „Spiels"[39]. Immer, wenn ein Kind eines dieser Ziele erreicht hat, fühlt es sich durch seinen Erfolg belohnt: Es steigt sein Ansehen bei anderen Spielern, aber auch deren Furcht, durch die Karten des erfolgreicheren Kindes wieder „besiegt" zu werden. Einer solchen „Niederlage" kann durch den Erwerb neuer, besserer Spielkarten vorgebeugt werden. Das Spiel zeichnet sich gegenüber anderen (z. B. Pokemon) dadurch aus, dass es nach oben offen ist. Es werden immer neue Spielkarten produziert, die mit immer neuen

---

[39] In Wahrheit verfolgt das Spiel allerdings nur ein Ziel: den Reichtum seines Erfinders und des Verlegers zu fördern.

Variationen und neuen Spielregeln aufwarten. Niemand ist also im Besitze des ganzen Spieles, und es gibt immer Kinder, die mehr und bessere Karten haben. Dadurch ist ganz besonders der Effekt der „stellvertretenden“ Belohnung ausgeprägt: Am Beispiel des anderen Kindes mit den besseren Karten wird jedem Spieler der mögliche Erfolg und die Belohnung durch den Besitz besonders guter Karten vor Augen geführt, und jedes Kind trachtet danach, neue Spielkarten zu erlangen (sie sich zu kaufen, zu tauschen oder schenken zu lassen), um ebenfalls so einen Erfolg genießen zu können.

Die erfolgreichen Spieler umgibt ein gewisser Nimbus: Wer die meisten und besten Karten hat, ist unschlagbar, genießt bei den Fans hohes Ansehen, ja, ist vielleicht sogar gefürchtet, weil gegen ihn nicht zu gewinnen ist, und er dem Gegenspieler die „Lebenspunkte“ nehmen kann.

Während die Karten von ihrem Eigenwert her völlig unbedeutend sind, erhalten sie durch Zuschreibung solcher Werte für Kinder und Jugendliche einen erschreckend hohen sozialen Stellenwert. Jeder Besitz und jede Neuerwerbung einer Karte mit höherem und hohem Rang wird von den Kindern als Erfolg und Belohnung betrachtet. Für Eltern, Lehrer und Erzieher ist es kaum möglich, Kinder vom Spiel abzuhalten. Wie in ähnlichen Fällen aus der Vergangenheit, gibt es Yu-Gi-Oh nicht nur als Spielkarten, sondern auch als Comic, Filmserie, Bettwäsche, Kalender, Schreibset, Schulset, Strandtücher, Kissen, Fußmatte, natürlich Sammelkartenalben, Figuren und vieles andere mehr. Jede Neuerwerbung, auch die über Eltern und Großeltern (z. B. als Geschenk) ist eine Belohnung der Bemühung des Kindes, in der sozialen Hierarchie der YU-Gi-Oh-Fans nicht in der hinteren, besser gesagt, unteren Reihe stehen zu müssen. Eltern, Großeltern und Verwandte sollten sich ernsthaft fragen, ob sie diese Wirkung wirklich unterstützen möchten.

Formen der Beteiligung

Eine besondere Form der Anerkennung des Kindes drückt sich in der Möglichkeit aus, es an wichtigen Entscheidungen seines Alltags zu beteiligen.

Es geht nicht darum, Belohnung als eine Form der Mitbestimmung in Fällen darzustellen, bei denen das Kind ohnedies ein Recht auf Beteiligung hat. Nein, hier geht es um solche Fälle, die Eltern durchaus allein entscheiden könnten, aber ihr Kind in diese Entscheidung einbeziehen. Sei es, weil es sich besonders verantwortungsvoll oder kooperativ verhalten hat, sei es, weil die Eltern in dieser Beteiligung eine besondere Form der Anerkennung der Persönlichkeit des Kindes, seines Verhaltens oder seiner Leistung sehen. Beteiligung bedeutet, das Kind in Entscheidungsprozesse einzubeziehen und ihm Einfluss einzuräumen. Beteiligung kann Mut machen. Insbesondere in Situationen, in denen Ängste erst überwunden werden müssen. Beteiligung hilft, Kompetenzen zu erwerben, die in eben dieser Form der Beteiligung benötigt werden. „Raum geben für Entscheidungen" wurde eingangs gefordert. Nur dann, wenn Kinder angeleitet wurden, Einfluss verantwortlich wahrzunehmen, werden sie das später auch umsetzen können:

- Kinder lernen, ihre Wünsche, Bedürfnisse und Gefühle zu äußern. Sie üben Kritik und lernen, Kritik anzunehmen.
- Kinder lernen, ihre Interessen zu formulieren und sie mit denen der Geschwister und Eltern abzustimmen. Dabei üben sie auch, Kompromisse einzugehen.
- Kinder übernehmen die schrittweise Verantwortung für einen Teil ihres Alltagslebens. Die Aufgabe der Eltern besteht darin, sie zu ermutigen und zu unterstützen und die Rahmenbedingungen genau mit ihnen abzusprechen. Es ist eine schwierige Balance für Eltern, den Kindern zu helfen, diese Verantwortung nicht nur als Last, sondern als Möglichkeit für ihre Selbststän-

digkeit zu erfahren. Daher darf ihnen Verantwortung nicht nur für solche Bereiche „aufgebürdet“ werden, die die Eltern selbst nicht gern übernehmen möchten, weil Mühsal und Arbeit damit verbunden ist (Ordnung, Sauberkeit etc.). Vielmehr muss die Verantwortung Ausdruck des Vertrauens und der Anerkennung der Kinder sein und ihnen einen weiteren Schritt in ihre Selbstständigkeit ermöglichen.

– Kinder lernen, Konflikte mit ihren Eltern und anderen Kindern ohne Gesichtsverlust für sich selbst und ihr Gegenüber auszutragen. Das setzt in der Familie ein Klima der gegenseitigen Anerkennung und Achtung voraus. Auch die Eltern müssen zu einer solchen „niederlagenlosen“[40] Konfliktlösung in der Lage sein.

Als Bereiche, in denen es immer wieder Gelegenheit gibt, Kindern Anerkennung entgegen zu bringen, bieten sich ferner an: die Übertragung der Zuständigkeit für die Pflege, Ordnung und Reparatur von Gemeinschaftseigentum der Familie; Auswahl und Umfang des Fernseh- und Medienkonsums in Absprache mit den Eltern; Übernahme von Verantwortungsbereichen aus Kindergarten und Schule; Auswahl und Umfang der eigenen Freizeitaktivitäten; Beteiligung bei der Planung von Familienaktivitäten; Beteiligung bei der Lösung von Konflikten, soweit sie die Interessen des Kindes berühren und das Kind verantwortlich beteiligt werden kann.

---

40 Vgl. die Ausführungen zur „niederlagenlosen Methode“ bei Gordon, Thomas: „Die neue Familienkonferenz. Kinder erziehen ohne zu strafen.“ München1989, bes.S. 208ff.

Beispiele:

Hilfen für die Phantasie

Was alles kann Anerkennung, Lob und Belohnung sein oder als solche wirken?[41]

1. Aufmerksamkeit, lächeln, Zuwendung, unterstützendes Zuhören, zulächeln, zunicken, zustimmen, unterstützende Mimik und Gestik äußern, unterstützender Tonfall, Blickkontakt halten, zugewandte Haltung, Körperkontakt, streicheln, festhalten[42], Zärtlichkeiten, Zeit für den anderen haben, räumliche oder körperliche Nähe; enge persönliche Bindung.
2. Nonverbales Einverständnis signalisieren; Hilfe geben oder Distanz halten, wo dies erwünscht ist; eine Aufforderung oder eine vom Kind gesetzte Grenze beachten; ein Verbot oder Gebot des Kindes akzeptieren; Ansichten teilen; Zeit lassen, einen Gedanken oder ein Problem zu formulieren; das Kind ausreden lassen; nicht unterbrechen; Verständnis zeigen; positives Feedback geben; ermutigen, fortzufahren; Begeisterung und Freude zeigen; Leistungen anerkennen; eine Auffassung bestätigen; Mitgefühl äußern; Ruhe bewahren; über Fehler hinwegsehen; Mühen oder Schwächen anerkennen; Schwierigkeiten des Kindes akzeptieren; nachgeben; sich interessiert zeigen; kurze Verständigungsbemerkungen machen.
3. Das Kind mit Worten oder Taten unterstützen; Fragen stellen, die positiv beantwortet werden können; helfende oder ergänzende Fragen stellen; sich über Leistungen oder fehlende Leistungen berichten lassen; Lob auf die Situation bezogen aus-

---

[41] Diese Aufzählung soll nur zum Nachdenken anregen. Ob die aufgezählten Möglichkeiten tatsächlich wie eine Belohnung wirken, entscheidet sich, wie beschrieben, in der jeweiligen Situation. Ihre Wirkung kann gewollt oder ungewollt sein.

[42] „Festhalten“ als Methode und therapeutisches Verfahren ist ein sehr problematisches Instrument und hier nicht gemeint.

sprechen; die Meinung des Kindes so ausdrücken, dass dieses das Feedback bejahen kann; in Pausen geschickt weiterhelfen; einen Ausweg aus der Situation aufzeigen; helfen, eine Blamage zu vermeiden; gemeinsame Unternehmungen durchführen; die Erlaubnis für eine beliebte Beschäftigung oder Tätigkeit geben; mitarbeiten.

4. Geld oder andere materielle Dinge schenken, positive Noten oder Fleißkärtchen vergeben.
5. Erfolg haben; beim Spiel (auch beim Mogeln!) gewinnen; sich erfolgreich vor einer unangenehmen Arbeit oder Tätigkeit drücken; Absprachen nicht einhalten und eine erwartete Bestrafung nicht erdulden müssen; sich mit Hilfe von Aggression erfolgreich wehren; jemanden austricksen; sich mit Schreien, Nörgeln oder Schweigen durchsetzen (gilt für Eltern wie für das Kind).
6. Von Kritik oder Bestrafung absehen; Kritik oder Schimpfen kann die eisige Kälte des Übersehens oder Ignorierens unterbrechen, als Erleichterung empfunden werden und dadurch wieder den Zugang des Kindes zu den Eltern ermöglich; erlittene Bestrafung bei Wut, Zorn oder Hass auf die Eltern kann als eine Bestätigung der kritisierten Verhaltensweisen und Berechtigung des Zorns gegen die Eltern aufgefasst werden.

Sie werden selbst noch weitere Möglichkeiten entdecken, was alles als Lob und Belohnung erfahren werden kann. Daher kann diese Aufzählung nur ein Einstieg in weitere Entdeckungen sein.

Jede Art erfolgreichen Handelns wirkt wie eine Belohnung und festigt grundsätzlich die Bereitschaft zu dieser Handlungsweise.

7. Kapitel:
Mögliche Fehler und Nebenwirkungen

Verpasstes Lob – wie Lob oder Belohung unbewusst versäumt werden

Versäumte Gelegenheiten, einem Kind ein Lob zu spenden oder es zu belohnen, gehören zum Alltag einer jeden Familie. Diese Erfahrung mag wohl hinter der Erinnerungsformel „Hast Du Dein Kind heute schon gelobt?“ stecken. Wie schnell ist es geschehen: Ein Kind verhält sich nicht in der gewünschten, notwendigen Weise. Die Eltern sorgen sich, arbeiten mit dem Kind und endlich ist es so weit. Ihre Bemühung zeigt Wirkung. Froh über anfängliche Erfolge wird übersehen, dass jetzt erst ihre Bemühung um die Festigung des Verhaltens einsetzen muss, wie es im Falle Inas und ihrer Rechentätigkeit beschrieben wurde. Besonders in der ersten Phase des Lernens neuer Verhaltensweisen lässt das gewünschte Verhalten schnell nach, wenn ihm die positive Unterstützung fehlt. Daraus lässt sich eine wichtige Erkenntnis formulieren: **Eine erwartete, aber nicht eingetretene Belohnung wirkt wie eine Bestrafung.** Daran ist immer zu denken, wenn Eltern ihr Kind unterstützen, damit es etwas Neues lernt. Wichtig in diesem Zusammenhang ist aber die Beobachtung, dass es sich in den seltensten Fällen um absichtliches Übersehen der Notwendigkeiten seitens der Eltern handelt. Meistens geht die weiterhin notwendige Unterstützung des Kindes im Familienalltag unter, weil Eltern auf viele andere Dinge ebenfalls achten müssen.

Lob an der falschen Stelle – eine gedachte Zurechtweisung kann wie eine Belohnung wirken

***Marek**, 4 Jahre alt, ist bei Katrin zu Besuch, seine Mutter ist nicht dabei. Er spielt mit anderen Kindern im Sand. Plötzlich nimmt er eine Hand voll Sand und wirft sie Katrin ins Gesicht. Das Mädchen hat Augen, Ohren, Nase und Mund voller Sand und fängt schrecklich zu weinen an. Der Mutter Katrins fällt, als sie das sieht, ein, dass Marek für solche Attacken bekannt ist. Da Marek aber nicht ihr Kind ist, führt sie Marek zu Seite, nimmt ihn in den Arm und sagt ihm freundlich, aber bestimmt, dass er so etwas nicht wieder tun dürfe, weil das Katrin ganz schrecklich wehtue. Danach hilft sie Katrin, sich zu säubern und lässt die Kinder weiter spielen.*

Hier ist zu unterscheiden zwischen der verbalen Zurechtweisung der Mutter und den nichtverbalen Aspekten in ihrer Handlung. Verbal weist sie Marek zurecht, nichtverbal schenkt sie ihm Aufmerksamkeit, ist freundlich zu ihm und nimmt ihn in den Arm. Da der Junge das Verhalten bereits mehrfach gezeigt hat und danach immer zurechtgewiesen wurde, ist davon auszugehen, dass diese Zurechtweisung für ihn keine ausreichend unangenehme Erfahrung bedeutet. Hingegen könnten die nichtverbalen Aspekte der Handlung von Katrins Mutter als angenehme Erfahrung für den Jungen gedeutet werden (Aufmerksamkeit und Beachtung!). Marek erlebt zudem den Nacheffekt seiner Handlung: Katrin ist entsetzt, weint und hat das Gesicht voller Sand. Auch diese Erfahrung ist für Marek nicht neu und könnte gar Anlass für sein jetziges Verhalten sein, ohne dass über seine engeren Handlungsmotive genauere Aussagen gemacht werden können.

Die hier aufgezeigte Situation ist häufig anzutreffen. Verbale und nichtverbale Aspekte einer Handlung können in einem Kind ganz gegensätzliche Erfahrungen hervorrufen. Die Lerngeschichte des Kindes nun ist ausschlaggebend dafür, ob es sich in seinem Verhalten durch die Gesamtsituation unterstützt fühlt oder ob sie zu einem Baustein für Marek wird, sein Verhalten zu ändern.

Ganz wichtig ist jedoch, dass Marek ermutigt wird zu lernen, seinen Bedürfnissen auf andere Weise nachzukommen als durch solche Attacken gegen seine Spielgefährten. Das kann nur heißen: positives Verhalten deutlich unterstützen und belohnen, damit sich die Bedeutung seines negativen Verhaltens für ihn verliert.

Lob an der falschen Stelle – wie eine nicht gewünschte Handlung unbewusst belohnt wird

Max hatte von seiner größeren Schwester gelernt, Grimassen zu schneiden. Ebenso gingen eine Reihe von Kraftausdrücken auf ihr Konto. Auch diese kamen aus dem Kindergarten über seine ältere Schwester in sein Vokabular. Es wurde bereits erwähnt, wie schwer es war, diesem kleinen Kerl keine Aufmerksamkeit zu schenken, wenn er verschmitzt grinsend und seine Umgebung genau beobachtend, dieser seine Grimassen oder seine unfeinen Ausdrücke präsentierte.

Jedoch ist es genau diese Reaktion seiner Umgebung, die der Junge als Belohnung für seine Darbietungen empfand. Plötzlich und unverhofft geschah es. Ehe die Menschen in seiner Nähe nachdachten, reagierten sie: erstaunt, gespielt entsetzt, nicht ernsthaft böse, hinter der Hand eher belustigt: „Aber Max! Das sind aber keine schönen Wörter, die du da sagst!“. Offenbar doch – für Max.

Ignorieren – wie durch das Ausbleiben negativer Folgen das Gefühl der Belohnung entstehen kann

Die Ratlosigkeit seiner Eltern in der Situation, in die Max sie durch seine Kraftausdrücke bringt, ist groß. Gibt es doch kaum ein wirksames Mittel dagegen. Häufig wird der Rat gegeben, die Äußerungen einfach zu ignorieren. Schnell merken Eltern jedoch, dass diese Maßnahme wenig hilfreich ist. Ja, unter Umständen verstärkt sich das Verhalten des Kindes noch. Geht man davon aus, dass die Beachtung und die Aufmerksamkeit die Schlüssel für das Verhalten des Kindes sind, weil sie als positiver Nacheffekt wie eine Belohnung wirken, könnten nur dann die Kraftausdrücke durch Ignorieren abgestellt werden, wenn es gelänge, jegliche Aufmerksamkeit und Beachtung zu vermeiden. Da das im Normalfall aber nicht möglich scheint, ist es wahrscheinlich, dass eine zeitweise Beachtung und das zeitweise Ignorieren Max Verhalten nach dem Muster intermittierender Belohnung eher festigt als abbaut. Wollen Eltern unbedingt Kraftausdrücke verhindern, könnten sie versuchen, das Kind unmittelbar und regelmäßig aus der Situation herauszunehmen, in der es die Ausdrücke anbringt. Jedoch wird auch das nicht immer gelingen. Einen Trost gibt es: Regelmäßige gleichartige Belohnung, haben wir gesagt, nutzt sich durch Gewöhnung ab. Der Belohnungseffekt durch Aufmerksamkeit wird Max auf Dauer nicht mehr ausreichen. Langsam werden sich die Kraftausdrücke verlieren. Regelmäßige Intervention der Eltern hingegen, insbesondere wenn sie mit Ausdruck von Ärger der Eltern einhergeht, schwört eher die Gefahr herauf, als abwechselnde, sich steigernde Belohnung vom Kind erfahren zu werden und die Kraftausdrücke zu seinem Standardvokabular werden zu lassen, das langsam in eine Selbstverstärkung mündet.

Wie aus einer beabsichtigten Belohnung das Gefühl der Bestrafung entstehen kann

Es war Kevin, der im Kindergarten seine gemalten Bilder zerriss, weil ihm das gut gemeinte aber misslungene Lob seiner Erzieherinnen missfiel. Das durch sie geäußerte Lob entsprach nicht dem Bedürfnis Kevins. Dieser wünschte sich die Beachtung seiner Malerei und ihrer Mühe durch das Kindergartenpersonal und eine differenzierte Stellungnahme, in der die Würdigung seines Bildes zum Ausdruck kam. Das war er durch seine Eltern gewohnt. Anerkennung seiner Leistung wünschte er sich. Diese Anerkennung konnte er aber in dem pauschal geäußerten „Schön" nicht erkennen. Das Kind fühlte sich bestraft, weil seine Leistung missachtet wurde, obwohl es eine Beachtung erwartete, denn eine erwartete, aber nicht eingetretene Belohnung wirkt wie eine Bestrafung.

Mindestens zwei Kriterien muss ein Lob entsprechen, soll es wie eine Belohnung wirken: Lob hat eine ausgesprochen positive Wirkung auf das Verhalten, wenn die zu lobende Tätigkeit oder Haltung in das Lob einbezogen wird und dadurch das Lob besondere Glaubwürdigkeit genießt. Ferner so sagten wir, wird insbesondere dann gelernt, wenn die Belohnung unerwartet positiv ausfällt. Es spielt also der Vorhersagewert eine Rolle. Liegt dieser Wert unterhalb der Schwelle des Erwarteten, wird das Lob nicht als Belohnung, sondern eher als eine Art „Bestrafung" empfunden. Liegt er oberhalb der Erwartungen, ist der Lerneffekt besonders hoch und das Lob wird zu einer unerwarteten Belohnung.

Keines der Kriterien war bei Kevin erfüllt. Das Lob entsprach weder seiner Mindesterwartung noch wurde seine Tätigkeit inhaltlich vom Lob erfasst. Das hat das Kind durch seine andersartigen Erfahrungen in seinem Elternhaus deutlich gespürt. Ein Lernfortschritt war nicht festzustellen. Er zerriss seine Bilder und weigerte sich, im Kindergarten zu malen.

Wie eine Belohnung aus einer Entschuldigung entstehen und zugleich die Einsicht des Kindes fördern kann

Laura, *4 Jahre, saß am Tisch ihrer Großmutter und trank Orangensaft. Beim Eingießen von Kaffee verschüttete ihre Oma diesen. Vor Schreck kam ihr ein leises „Au! Scheiße!" über die Lippen.*

Laura sah ihre Oma ernst an und sagte dann: „Du sollst nicht „Scheiße" sagen, Oma!" Bei einem Fehler ertappt, wandte diese sich an das Kind mit der Bemerkung: „Da hast Du recht, Laura. Bitte entschuldige, dass ich das gesagt habe, es war nicht richtig." Laura strahlte. „Mama sagt immer, man kann sich auch anders ausdrücken!" Oma nickte: „Ja, das kann man, mein Kind!" Nun half Laura ihrer Oma, den Kaffee vom Boden aufzuwischen.

Laura hatte gelernt, dass Kraftausdrücke vermieden werden können. Oma stimmte ihr zu und entschuldigte sich bei ihr, weil sie etwas tat, was Laura untersagt wurde. Das Kind nahm die Entschuldigung mit Freude an. Sie fühlte sich bestätigt: Kraftausdrücke können vermieden werden, und das kann ich auch der Oma sagen. Die Entschuldigung ihrer Großmutter war eine Belohnung ihrer Offenheit und Ehrlichkeit. Es darf davon ausgegangen werden, dass diese kleine Episode auch die Einsicht des Kindes gefördert hat, Kraftausdrücke zukünftig zu vermeiden.

Verwöhnung – wenn über Gebühr belohnt wird

An vielen Stellen ist im Text schon darauf hingewiesen worden, dass Belohnung einen unangenehmen Nacheffekt zeigen kann, wenn es nicht gelingt, das Kind langsam aus der Erfahrung der Fremd-Belohnung herauszulösen. Insofern ist die kontinuierliche oder „Immer"-Belohnung der Hauptfaktor für das Entstehen der Erscheinung, die „Verwöhnung" genannt wird. Kontinuierliche Belohnung führt zunächst zu einer Gewöhnung mit einem gewissen Sättigungseffekt. Dieser führt zu höheren Ansprüchen bei dem Belohnten. Können die Eltern dem keinen Einhalt gebieten, führt das in einen Teufelskreis hinein, mit immer mehr und immer höheren Ansprüchen. Einen der vielen Gründe für die Schwierigkeiten, den Kreislauf zu unterbrechen, haben wir bei der Mutter von Susanne kennen gelernt. Dort waren auch die Folgen zu erkennen. Mit zunehmender Verwöhnung von Susanne wuchs ihre Unselbstständigkeit und damit stiegen zugleich ihre Ansprüche an ihre Mutter. Das Klima in der Familie war zunehmend gereizt und wurde zu einer großen Belastung für alle Familienmitglieder. Die Familie Susannes hatte das Glück, mit Hilfe einer kompetenten Beratung den Kreislauf zu unterbrechen und Susanne zu helfen, ein selbstständiger Mensch zu werden.

Wenn unerwünschtes Verhalten sich selbst verstärkt

***Robin**, 10 Jahre alt, stiehlt. Er nimmt seinen Mitschülern Geld ab und kauft sich auf dem Heimweg von der Schule Süßes und Spielwaren, vor allem Yu-Gi-Oh Karten. Auch seinen Eltern hat er bereits Geld entwendet. Der Verdacht kam auf, Robin stritt die Tat jedoch ab. Alles kam durch Zufall ans Licht, weil einem Mitschüler neben anderen auch eine hier seltene Euro-Münze aus Finnland sowie eine seltene Yu-Gi-Oh Spielkarte fehlte. Münze und Karte wurde bei Robin schließlich gefunden. Seit Längerem hatten die Lehrer Robin in Verdacht, sie konnten ihm jedoch nichts nachweisen. Die Spielwaren hatte die Mutter zwar in seinem Zimmer gesehen, aber Robin beteuerte, Schulfreunde hätten sie ihm geschenkt. Da es sich auch nur um Kleinigkeiten wie Figuren und Spielkarten handelte, erschien die Erklärung glaubhaft.*

Robins Eltern versuchten, das Stehlen mit gutem Zureden, Appellen an seine Einsicht und Vernunft, auch mit Hausarrest und Taschengeldentzug zu unterbinden. Dem Mitschüler, dem er die finnische Euro-Münze und die Spielkarte entwendet hatte, musste er die Sachen zurückgeben. Alle anderen Fälle waren nicht eindeutig. In der Folge wurden die Diebstähle seltener, hörten aber nicht auf. Robin beteuerte seinen Eltern gegenüber, er würde nicht mehr stehlen. Aber dann wurde er bei einem weite-

ren Zwischenfall in der Schwimmhalle auf frischer Tat entdeckt. Erst durch ihren intensiven Einsatz gelang es den Eltern, Robin zu helfen, auf das Stehlen zu verzichten.[43]

---

[43] Unter dem Druck, erneut entdeckt worden zu sein, gab der Junge eine Reihe von Diebstählen zu. Die Eltern verlangten von ihm eine Entschuldigung bei jedem einzelnen Mitschüler. Persönlich fuhren sie ihren Sohn dazu zu den Familien der Kinder. Robin wurde verpflichtet, allen Kindern ihr Geld zurückzuerstatten. Die Eltern von Robin traten aber zunächst in Vorkasse, Robin selbst musste seinen Eltern später dieses Geld wiedergeben. Jetzt wurde sein Taschengeld streng kontrolliert. Über jeden Euro verlangten die Eltern Rechenschaft. Sie kontrollierten außerdem sein Spielzeug regelmäßig. Dem Geschäft, in dem er sich die Zuckerwaren kaufte, untersagten sie, weiterhin Süßes an Robin zu verkaufen. Robin musste zu diesem Gespräch selbst mit ins Geschäft kommen. Mit den Lehrern wurde vereinbart, jeden gemeldeten Diebstahl den Eltern zur Kontrolle mitzuteilen.Zudem holte die Mutter ihren Sohn in der ersten Zeit von der Schule ab, damit jede Gelegenheit, sich Ware zu kaufen, unterbunden wurde. Dieses Abholen vom Unterricht war für Robin, neben den Gängen zu den Familien der bestohlenen Kinder und der Mitteilung der Lehrer, die schlimmste Strafe. Die Eltern gaben ihrem Sohn nun Gelegenheit, sich durch Arbeiten in der Familie oder bei Freunden das Geld zu verdienen, das er seinen Eltern schuldete. Sie stellten in Aussicht, ihm einen Teil seiner Schuld zu erlassen, wenn er innerhalb einer bestimmten Frist die ganze Summe erarbeitet habe. Den erlassenen Teil könne er als sein zusätzliches Taschengeld betrachten. Wenn er bereit sei, danach weiterhin zu arbeiten, gehöre auch das so verdiente Geld ihm. Jedoch dürfe er keine Süßigkeiten und keine Spielwaren, auch bei Mitschülern keine Spielkarten mehr ohne Rücksprache mit den Eltern erwerben. Die Eltern richteten ihm ein Konto ein, auf das er das verdiente Geld einzahlte. Über dieses Geld konnte er eigenverantwortlich, jedoch nach Rücksprache, verfügen. Die Eltern stellten ihm in Aussicht, ihn aus dieser Bindung ganz zu entlassen, sobald sie sähen, dass er gelernt habe, sinnvoll mit seinem Geld umzugehen. Auch sicherten Sie ihm zu, alle diese Kontrollen einzustellen, wenn es in der Zukunft nicht mehr zu weiteren Diebstählen käme. Darüber hinaus wollten sie sein Taschengeld um eine bestimmte Summe erhöhen, wenn alle Forderungen erfüllt seien. Ansonsten müsse sich Robin auf noch schärfere Kontrollen, auch auf eine Anzeige wegen Diebstahls durch die Betroffenen, einstellen. Welche Folgen so eine Anzeige für ihn hätte, besprachen sie mit ihm eindringlich. In der Folge hörten die Diebstähle tatsächlich auf.

Stehlen ist ein äußerst problematisches Verhalten, weil mit ihm eine bestimmte Bedürfnisbefriedigung verbunden ist und die unmittelbaren natürlichen Folgen durch diese direkte Bedürfnisbefriedigung eine angenehme Erfahrung bedeuten. Die unmittelbare angenehme Folge, in den Besitz eines ersehnten Gegenstandes zu gelangen, tritt nach jedem gelungenen Diebstahl direkt ein und wirkt daher wie eine deutliche Belohnung auf das Verhalten des Kindes.

Weil das Verhalten dadurch sofort und sehr deutlich als „natürliche" Folge der Tat belohnt wird, sprechen wir auch von sich selbst verstärkendem Verhalten oder intrinsischer Belohnung, hier jedoch eines unerwünschten Verhaltens. Die unmittelbaren positiven Folgen schlagen bei Diebstahl jedoch bald in mittel- und langfristig negative Folgen um. Diese mittel- und langfristigen Folgen sind äußerst nachteilig: Kriminalität, soziale Ausgrenzung, wirtschaftliche Schwierigkeiten, soziale Etikettierung und andere schwerwiegende Folgen stellen sich ein. Also können Eltern sich nur sehr darum bemühen, es auf diese Folgen nicht ankommen zu lassen.

Jedem Diebstahl liegt ein Bedürfnis zu Grunde, daher ist zunächst nach der Art des Bedürfnisses zu fragen und danach, auf welche Weise dieses Bedürfnis mit legitimen Mitteln befriedigt werden kann. Allerdings ist auch eine „Verschiebung" auf andere Bedürfnisse, eine so genannte „Ersatzbefriedigung" denkbar, wenn es nicht anders geht. Wegen der positiven Wirkung jedes erfolgreichen Diebstahls sollte jede Tat möglichst im Ansatz unterbunden werden. Zudem ist es notwendig, falls möglich, die gestohlenen Gegenstände zurückzubringen oder zu ersetzen. Jeder gestohlene Gegenstand sollte also von vornherein neben seinem positiven Charakter mit einer unangenehmen Erfahrung verbunden werden: ‚Diesen Gegenstand musst du wieder zurückbringen, dann musst du dich bei dem Bestohlenen entschuldigen, sich seinen Eltern gegenüber rechtfertigen'. Die Erfahrung, ‚der gestohlene Gegenstand ist letztlich nicht das, was er zu sein verspricht, du wirst ihn sowieso nicht behalten', könnte eine heilsame Erfahrung werden, wenn der Reiz des Stehlens mit dem gestohlenen Gegenstand ursächlich verbunden ist.

Gleichzeitig besteht für Eltern die sehr schwierige Aufgabe, dem Kind zu helfen, seine Bedürfnisse zukünftig auf legitime Art und Weise zu befriedigen, damit Diebstahl nicht mehr notwendig wird.

Die Eltern Robins haben es verstanden, dem Stehlen durch ihre Kontrollen Einhalt zu gebieten, zugleich aber auch dem Jungen zu helfen und ihn zu unterstützen, positives Verhalten mit Hilfe von Lob und vor allem Belohnung aufzubauen. Das ist ihnen nach vielen Mühen auch tatsächlich gelungen.

Wie unsoziales Verhalten unbeabsichtigt unterstützt wird

Es war am Silvestertag, als Herr R. für seine Tochter aus einem kleinen privaten Baumarkt noch schnell zwei Holzleisten mitbringen wollte. Er suchte die Leisten aus und stellte sich an der Kasse an. Vor ihm wurde noch eine Kundin bedient. Die Leisten waren 2,10 m lang und für den kleinen Kassenraum sehr sperrig. So recht wusste Herr R. nicht, wie er die Leisten platzieren sollte. Hinter ihm standen ein Mann und drei Kinder im Alter von 8–13 Jahren sowie zwei weitere Kunden. Die Kinder waren offenbar die Kinder des Mannes, denn sie hatten gemeinsam Feuerwerkskörper gekauft. Es war kurz vor Geschäftsschluss. Sie drängten zur Kasse und rückten Herrn R. sehr nahe auf den Leib. Die Kinder bemerkten die Unsicherheit des Herrn R. Untereinander machten sie nicht gerade freundliche Bemerkungen zu dessen Bemühungen, die Leisten so unterzubringen, dass er niemanden damit verletzte. Platz war infolge des Gedränges und des engen Raumes nicht vorhanden. Nachdem die Leisten be-

zahlt waren, wandte sich Herr R. dem Ausgang zu. Niemand ging aus der Gruppe zur Seite. Er drängte sich mit den Leisten hindurch und sagte zu den Umstehenden: „Bitte Vorsicht".

In diesem Moment meldete sich der Vater der Jungen und sagte laut zu seinen Kindern: „Schreit ‚Vorsicht' und passt selbst nicht auf".

Auch hier haben wir eine Form von Lob und Belohnung vor uns, selbst wenn sie auf den ersten Blick nicht rasch als solche zu erkennen ist. Das Verhalten der Kinder ist nicht gerade als höflich und sozial zu kennzeichnen. Sie machten sich über Herrn R. lustig und ließen unangemessene Bemerkungen hören, obwohl sie alt genug waren, die Schwierigkeiten mit den langen Hölzern zu erkennen. Zudem verhielten sie sich unsozial, weil sie Herrn R. nicht Platz machten, als dieser durch ihre Gruppe hindurch zum Ausgang wollte. Vermutlich weiß jedes Kind in diesem Alter, was eigentlich zu tun wäre. Zweifellos hätten sie ihrem eigenen Vater Platz gemacht, wenn dieser mit den Hölzern durch ihre Gruppe gemusst hätte. Ansonsten hätte er sicher seine Stimme erhoben und sich auf seine Weise Platz geschaffen. Dann meldete sich der Vater und erkannte mit seiner Bemerkung deutlich das unsoziale Tun seiner Kinder an. Diese Anerkennung des Verhaltens der Kinder durch ihren Vater war für sie eine verbale Belohnung: ‚Seht her, ich unterstütze euch in eurem Verhalten, indem ich mich auf eure Seite schlage und mit euch solidarisch bin.' Aber nicht nur das. Während die Kinder eher leiser und unter sich ihre Bemerkungen über Herrn R. fallen ließen, meldete sich jetzt ihr Vater in voller Lautstärke, so dass alle im Raum anwesenden Personen seine Bemerkung hören konnten. ‚Ihr müsst euch nicht leise über Herrn R. lustig machen, das könnte ihr in aller Öffentlichkeit tun' *„Schreit ‚Vorsicht' und passt selbst nicht auf."* Die äußeren Umstände dieser Situation bekräftigten in deutlicher Weise die Bemerkungen der Kinder und die ihres Vaters und müssen von seinen Kindern als zusätzliche Belohnung, Unterstützung und Ermutigung ihres Verhaltens erfahren worden sein. Eine für die Kinder ausgesprochen positive Erfahrung: ‚Euer Verhalten war richtig, macht weiter so'.

Wie im Einzelnen gezeigt werden konnte, steigt die Bereitschaft, Verhaltensweisen zu wiederholen, sie weiter auf- bzw. auszubauen und zu festigen, bei Verhaltensweisen, die bekräftigt werden, deutlich an. Der Vater hat seinen Kindern keinen guten Dienst erwiesen.

Dieses Beispiel zeigt aber noch einen anderen Zusammenhang auf: Lob, Belohnung und Ermutigung können auch auf sozial ungewünschte Verhaltensweisen folgen und diese dadurch festigen. Das gilt auch, wenn niemand einen solchen Effekt bewusst beabsichtigt hat.

Ausblick

Es kann nicht angezweifelt werden: Es gibt Eltern, die loben und belohnen ihr Kind nicht um dessen Anerkennung willen, sondern um ihrer eigenen Person und ihrer eigenen Ziele willen. Sie wollen bei ihrem Kind etwas erreichen. Nicht ihr Kind steht im Mittelpunkt ihrer Bemühungen, sondern sie selbst. Diese Fälle hat etwa Thomas Gordon im Auge, wenn er sagt, Eltern belohnen ihr Kind, um es zu „bestechen" (Gordon, 64/65), und Barbara Coloroso nennt Bestechung und Belohnung, oft zusammen mit Drohungen und Strafen, in einem Atemzug, weil ein Kind hierdurch naturgemäß in Angst und Abhängigkeit zu halten" (Coloroso, 6; 16; 17; 22; 128) ist. Auch für Gordon loben und belohnen Eltern, um ihre Kinder zu beherrschen. Macht auszuüben und ihr Kind zu beherrschen, seien letztlich die herausragenden Motive der Eltern, die zwar zunächst zu Lob und Belohnung, dann aber schnell zur Strafe griffen, weil Lob und Belohnung sich als nicht brauchbar und praktikabel erwiesen. Auch Alexander Neill spricht davon, dass Eltern ihre Kinder durch Belohnung „übertrumpfen" wollen. Belohnungen bestätigten die „schlimmste Eigenart des Konkurrenzsystems" (Neill nach Brinkmann, Sp. 302).

Rudolf Dreikurs sieht die Gefahr der Bestechung durch Belohnung ebenfalls. Für ihn ist der Zusammenhang jedoch nicht zwingend. Er könne vermieden werden, wenn die Würde des Kindes gewahrt bleibe (Dreikurs, 42; 62).

Genau darauf aber kommt es an. Geht es um die Würde des Kindes und um die Anerkennung seiner Person, hat Belohnung als Bestechung oder Beherrschung keinen Raum in der Beziehung zwischen Eltern und Kind. Dann sind Lob und Belohnung Ausdruck der Anerkennung des Kindes. Sie unterliegen, wie alle anderen Anstrengungen, die Eltern in der Erziehung ihres Kindes unternehmen, dem Erziehungsziel des selbstständigen Menschen, der in der Lage ist, sein Leben selbst zu bestimmen und die Folgen seines Denkens, Handelns und Urteilens zu verantworten weiß. Die pädagogische Beziehung zwischen Kind und Eltern ist der entscheidende Einflussfaktor, der darüber entscheiden kann, ob Anerkennung, Lob und Belohnung die Bemühungen um Erziehung unterstützen oder sich ihnen entgegenstellen.

Es dürfte nach unseren Ausführungen deutlich geworden sein, dass in den Familien, in denen zwischen Eltern und Kind Macht- und Konkurrenzkämpfe herrschen, weder Lob und Belohnung, noch Bestrafung als adäquate Erziehungsmittel eingesetzt werden können, um das oben genannte Erziehungsziel zu ermöglichen. Auch andere Verfahren, wie Gordon sie als Alternative zu Lob und Belohnung vorschlägt[44], so bedeutsam sie im Erziehungsprozess sind, müssen scheitern, setzen sie doch ebenfalls genau das voraus,

[44] Die „positive Ich-Botschaft" (S. 88), das „aktive Zuhören" (S. 91) und die „niederlagenlose Methode" (208 f).

was auch die wichtigste Voraussetzung beim Einsatz von Lob und Belohnung ist: Die Anerkennung des Kindes in seiner Eigenart.

Ein Kind wird mit einer Reihe von Bedürfnissen geboren, die die Aufgabe haben, sein Überleben zu sichern. Diesem Ziel dienen zunächst alle seine Lebensäußerungen. In diesem Sinne wird kein Kind geboren, um das Leben der Eltern zu stören oder sie in einen Machtkampf zu verwickeln. Es hat aber, wie auch immer, ein berechtigtes Interesse daran, sein Leben zu leben. Auch seine Mutter und sein Vater haben dieses berechtigte Interesse in ihrer frühen Kindheit für sich selbst wahrgenommen. Zweifelsohne ist die Geburt eines Kindes einer der deutlichsten Einschnitte im Leben eines Paares. Immer wieder wird es Situationen geben, in denen es zwischen den Wünschen des Kindes und den, ebenfalls berechtigten, Wünschen der Eltern zu einer Interessenskollision kommt. Aber sicher kann gesagt werden, dass ein Kampf um die Beherrschung des Anderen nicht vom Kind aus seinen Anfang nimmt. Kinder wünschen die Nähe zu ihren Eltern und eine sichere Bindung, wenn sie erfahren haben, dass beides ihnen gut tut. Ein Kind braucht Orientierung[45], die es zunächst bei seinen Eltern sucht, bis es sich langsam von ihnen ablösen, seine eigene Selbstständigkeit finden und seinen eigenen Weg gehen kann. Dabei können die Eltern es unterstützen. Anerkennung, Lob und Belohnung sind der Schlüssel dazu, dem Kind den Weg in seine neu zu gewinnende Selbstständigkeit zu öffnen und zugleich für die Eltern die Möglichkeit, ihre eigene Selbstständigkeit weiterhin zu behalten und zu entfalten.

So ist die Geschichte von Anerkennung, Lob und Belohnung ebenfalls eine Geschichte des Selbstverständnisses der Eltern und des sozialen Umfeldes, wie es eingangs in diesem Buch bereits angedeutet wurde.

---

45 Vgl. dazu: Gebauer/Hüther (Hrsg.): Kinder brauchen Orientierung. Düsseldorf, Zürich 2002.

In allen Fällen ist der Einfluss der Eltern auf die Entwicklung des Kindes festzustellen. Sie vermitteln ihrem Kind die ersten Grunderfahrungen der Welt, in die es hineingeboren wird. Durch sie erfährt ihr Kind sehr früh, wie es in dieser Welt aufgenommen wird: positiv, anerkannt, mit allen Mitteln unterstützt oder negativ, abgelehnt, auf Gegenwirkung eingestellt. Daniel, Marie und viele andere Kinder, von denen dieses Buch handelte, gehören zu den Kindern, die jederzeit auf Anerkennung und Unterstützung ihrer Eltern hoffen konnten.

Eltern, die in Machtkämpfe mit ihrem Kind verstrickt sind, laufen Gefahr, ihre eigene Selbstständigkeit und Unabhängigkeit zu verlieren. Sie stehen vor der Aufgabe, umzudenken. Vielleicht bedürfen sie der Hilfe, um eine ähnliche Erfahrung machen zu können, wie sie der Mutter des kleinen Dennis möglich war: die Erfahrung, dass ihr Kind nicht ihr Gegner, sondern ihr Verbündeter ist. Dann werden sie auch in der Lage sein, ihr Kind als eigenständige Persönlichkeit mit eigenen Bedürfnissen, eigenen Stärken und eigenen Schwächen zu sehen. Als ihr Kind, dessen Verhaltensweisen nicht primär darauf abgestellt sind, das Leben seiner Eltern zu stören, sondern in dessen Verhaltensäußerungen primär sein eigener Lebenswille zum Ausdruck kommt.

Wie bei der Mutter von Dennis zu sehen war, bedeutet das für die Eltern eine Veränderung des eigenen „Ichs". Dennis Mutter war zunächst immer versucht, das Kind zu ändern. Es war ein Junge, aber in den Wünschen der Mutter sollte es ein Mädchen sein.

Es war der Wandlungsprozess der Mutter, der die Veränderung im Leben des kleinen Dennis ermöglichte: Erst als die Mutter gelernt hatte, sie selbst zu sein, konnte sie ihr Kind sein lassen wie und was es war: ein kleiner zauberhafter Junge.

Literatur

Bauer, J.: Das Gedächtnis des Körpers. Wie Beziehungen und Lebensstile unsere Gene steuern. Frankfurt am Main 2002.

Coloroso, B.: Was Kinderseelen brauchen. Erziehung ohne Zwang – mit Konsequenzen und Liebe. Berlin/München, 2.Auflage 2000.

De Jong, Th. M. und Köster, M.: Ist mein Kind denn zu verwöhnt? Stuttgart 2000

Domke, H.: Gar nicht erzogen – und doch ausgezeichnet erzogen. Überlegungen zur Gestaltung familialer Bedingungen des Aufwachsens. In: Macha, H. und Mauermann, M. (Hrsg.): Brennpunkte der Familienerziehung. Weinheim 1997, S. 74ff.

Dreikurs, R. und Grey, L.: Kinder lernen aus den Folgen. Wie man sich Schimpfen und Strafen ersparen kann. Freiburg-Basel-Wien 1973.

Eggers, Ch.: Beziehungsfähigkeit als Voraussetzung für Friedensfähigkeit von Kindern und Jugendlichen. In: Gebauer, K. und Hüther, G. (Hrsg.): Kinder brauchen Wurzeln. Neue Perspektiven für eine gelingende Entwicklung. Düsseldorf, Zürich, 2.Auflage 2002, S. 107 ff.

Eliot, L.: Was geht da drinnen vor? Die Gehirnentwicklung in den ersten fünf Lebensjahren. Berlin, 3. Auflage 2002.

Gebauer, K. und Hüther, G. (Hrsg.): Kinder brauchen Orientierung. Anregungen für eine sinnstiftende Erziehung. Zürich 2002.

Gebauer, K. und Hüther, G. (Hrsg.): Kinder brauchen Wurzeln. Neue Perspektiven für eine gelingende Entwicklung. Düsseldorf, Zürich 2002.

Gordon, T.: Die neue Familienkonferenz. Kinder erziehen ohne zu strafen. München 1989.

Herschkowitz, N.: Das vernetzte Gehirn – Seine lebenslange Entwicklung. Bern, 2. Aufl. 2002.

Hüther, G. und Bonney, H.: Neues vom Zappelphilipp. ADS/ADHS verstehen, vorbeugen und behandeln. Düsseldorf, Zürich 2002, S. 6.

Hüther, G.: Die Bedeutung emotionaler Sicherheit für die Entwicklung des kindlichen Gehirns. In: Gebauer, K. und Hüther, G.: Kinder brauchen

Wurzeln. Neue Perspektiven für eine gelingende Entwicklung. Düsseldorf, Zürich, 2. Auflage 2002, S. 15ff.

Kagan, J.: Vorwort zu Herschkowitz, N. und Chapman Herschkowitz E.: Klug, neugierig und fit für die Welt. Gehirn- und Persönlichkeitsentwicklung in den ersten sechs Lebensjahren. Freiburg i. Br. 2004.

Klein, L: Und warum ist das so? Kinderfragen Raum und Zeit geben. In: Kindergarten heute 4/2004, S. 20ff.

Kult ums Kind. In: „Der Spiegel“ Nr. 33/2000, S. 102ff.

Neill, A. S.: Belohnung und Strafe. In: Theorie und Praxis der antiautoritären Erziehung. Das Beispiel Summerhill. Reinbek bei Hamburg 1969. Hier zitiert nach: Brinkmann, D. (Hrsg.): Pädagogische Texte I – Interaktion und Lernen. Stuttgart 1981, S. 304f.

Redl, F.: Erziehung schwieriger Kinder. Beiträge zu einer psychotherapeutisch orientierten Pädagogik. München, Zürich 1987.

Reimann, G.: Wenn Kinder immer machen, was sie wollen. Ganz ohne Strafe geht es nicht. Freiburg i. Br. 2002.

Schwelin, M.: Leben in Deutschland; Wie man in Deutschland Kinder erzieht; Heute haben Kinder alle Rechte, Eltern alle Pflichten. In: „Die Zeit“ Nr. 51/2004, S. 36.

Spitzer, M.: Lernen. Gehirnforschung und die Schule des Lebens. Heidelberg, Berlin 2002.